JN314724

政治へのまなざし

御厨貴
MIKURIYA Takashi

千倉書房

まえがき

学窓《がくそう》を出でて三十七年。政治史学を本分とする研究教育活動を続けてきた。論文、エセー、語り、対談、座談など、様々な表現形態を駆使して、コトの真相の解明に尽くしてきたつもりである。そのうち単著の形にまとめたものだけでも、二十冊になる。

還暦を迎え、東京大学先端科学技術研究センター教授を退くことを決めたのを機に、この一年間、これまでの研究教育活動を振り返る試みを行ってきた。本書は、その一つの成果である。

単著であれ、編著であれ、およそ自らが関わった刊行物には、あたかも役者が舞台の真ん中に進み出て、「口上《こうじょう》」を述べるが如きくだりがある。「まえがき」とか「あとがき」と呼ばれる類のものがそれだ。私は、この手のモノをずいぶんと書いてきた。それはすべてのコンテンツ(本論)が勢揃いしたあと、多少ホッとした気分で作品全体を見つめ直し、勝手放題とは言わぬまでも、自由に独りごちる著者得意の場面に他ならぬ。

短文であれ長文であれ、実はこの「口上」の部分には、著者が本文では絶対に明かせなかった本音が覗いている。完成された作品の中には、遂に姿を現すことのなかったアイディア、あるいは本論の中では言及すらされなかった失われた可能性、そういった、もっと論じたかった後背部を語る醍醐味がある。それは、ウンと楽しく、そしてチョッピリ悲しくもある作業だ。

こうした「口上」と同様に、意外にも論文の形では明らかにしにくい独創的なアイディアがはしばしに醸し出されるのが、対談や座談など、他者との「口演」の場である。論文があくまでも〝正統〟をゆくものであるとすれば、ここにはギリギリで〝正統〟から〝異端〟に転じうる可能性が垣間《かいま》見える。

そして今ひとつは「頌辞《しょうじ》」の類《たぐい》である。長い研究教育活動の間に出会い、何らかの強烈なインパクトを受けた一群の人々がいる。棺《ひつぎ》を覆って改めて分かる。その人が自らの傍らに存在した意味を。これらもまた「口上」の一例として取りあげた。

「口上」を述べる機会は他にもあった。今を去ること十三年前、二十年余り勤務した東京都立大学法学部を辞する折に、来し方、行く末を存分に語る「最終講義」を行った。このたびは、その講義の模様が本書の劈頭《へきとう》を飾ることになった。

本書は、これらのおびただしい「口上」「口演」の中から、政治史学の周縁を為す様々な領分において〝政治〟を捉える〝かたち〟を示すものを集大成している。〝政治〟は五感のすべてを働かせないと、自らのモノにすることができない。無論、働かせたからといって、自らの掌中に留まってくれるものでもない。

しかし、自らの五感を働かせ、見つめた〝政治〟の〝かたち〟を、本書では可能な限り再現しようと努めた。いちいちの「口上」「口演」の折に置きっぱなしにしてきた「政治へのまなざし」を今一度、活性化させる試みと言い換えることも可能だろう。

出来栄えのほどは、読者に判断を委ねるしかない。〝還暦〟で、人は人生の一区切りをつけるという。いくら長寿社会になったとはいえ、日本の、いや東アジアの伝統に寄り添うてみると、意外や多くの発見があり、とても楽しい試みであった。

次なる「口上」の機会を求め、古希《こき》までの十年をしなやかに、そしてしたたかに生き抜いていきたい。

2011年12月17日　東大先端研13号館講堂にて

政治へのまなざし

目次

第1部

政治へのまなざし

1

日本政治史よ、何処へ行く

――東京都立大学最終講義・補遺

定年でもないのに最終講義というのも変ですが、とにかく都立大学では今年度で講義をしなくなります。学生諸君から「では記念に何か話を」という申し出がありましたので、それに従いすこしまとまったお話をしたいということでやってまいりました。こんなに大きな教室では私はあまり授業をやったことがありません。私が普段やっている教室はほとんど小さな教室なんですが、今日は出入りをしやすいように大きな教室になったのかもしれません。小さな教室だと、いったん入るとなかなか出にくい。大きいところだと出たり入ったりできるだろうということで、あえてこういう教室になったのだろうと思っております。

私は、二十年六カ月、都立大学に奉職いたしました。学生諸君は毎年卒業して行くわけですね。

だいたい四年、五年で卒業していくわけですが、そういうシーズンが今年も近づいてきました。日本ではやはり桜の季節が大事で、この時期に卒業しないで、六月卒業・九月入学というのは、季節感の上から難しいのかな、という気があらためてします。

この三月で私は都立大学を卒業するわけですが、それと共に昨今いろいろ言われ始めましたが、どうも二十世紀という百年にわたるひとつの単位からの卒業もいよいよ間近になってまいりました。そこで今日は、私の都立大学からの卒業と、二十世紀からの卒業という二つの意味を兼ねて、日本政治史というのはいったい何処に行くのだろうかということをお話ししてみたいと思います。私としては「卒業論文」のつもりです。

世紀末の明治 世紀初の明治

世紀末がやってくるということですが、今回は近代という時代が始まって以来、二度目の世紀末になるんですね。では百年前の、近代最初の世紀末を日本人がどういうふうに迎えたのかというのは、文献も出てくるでしょうし、私自身もそれについては研究を進めています。今われわれが迎えつつある近代二度目の世紀末と比較して、それがどういうものだったのか。二十世紀モノと言われる出版物がいま巷《ちまた》にたくさん姿を現し始めているわけですが、みなさんがそれをどうお感じになっているのか興味があるところです。

しかしよく考えてみますと、世紀末というのはひとつの認識の仕方にすぎません。この認識の仕方そのものに、実は西洋暦というものをあたり前に受け入れることができるようになった時間感覚が、あたかも遺伝情報のようにわれわれの体内に知らず知らずのうちに入り込んでいるという気がします。

西洋暦の世界というのは、今風に言えば、グローバルスタンダードが適用される世界にほかなりません。かつては、時間を支配するということは、空間を支配することと同一でありました。帝国主義の時代、十九世紀末の一八九九年ですが、イギリスの小説家であるラディヤード・キップリングは『白人の重荷（Whiteman's Burden）』という詩を書いています。それは明らかに当時流行していたソーシャル・ダーウィニズム（生物界における適者生存、優勝劣敗というダーウィンの説を社会にも適用した議論）というものを背景にしながら、白人が白人文明をもって他の人種を統治する責任があるという議論です。

そのための権威を持つことを主張したのが、"Whiteman's Burden"だったわけです。言い換えますと、百年前の帝国主義というのは、統治する人間の視野が一国内にとどまらず、むしろ世界全体を見据える視野を持つという意味において、帝国主義が肯定的に評価されていた時代のイデオロギーで、キップリングの詩もそれをそのまま反映しているということが言えるわけです。空間の支配がそのまま時間の支配になるというのは、帝国主義的な領土の拡大、すなわち植民地をどんどん増やしていく時代には避けることができない事態であったと言っていいと思います。

しかし当時の日本は、欧米帝国主義の領土的な支配のもとにあったわけではありません。ご承知のように、黒船来航以来、欧米帝国主義との出会いの中から、ベルツ博士が言ったように、失敗すれば頸《くび》の骨を折りかねない「死の跳躍」を試みる。その生死をかけて近代化を目指した新興の帝国主義国家だったわけです。それでも、日本が近代化、近代化というのは当時の言葉ではウェスタナイゼーション、つまり西洋化ですが、近代化を積極的に受け入れる以上、西洋暦というグローバルスタンダードもまた受け入れざるを得ないということになる。それこそが日本が当時置かれていた立場であったと言えるわけです。

では、西洋暦はいつ頃から使われ始めたんだろうということですが、これは明治文化研究会の成果の一つとして、石井研堂《けんどう》の『明治事物起源』(これはちくま学芸文庫から手に入りやすい形で出版され、非常に面白いのでぜひ読んでください)に出てきます。明治四年に横浜の灯台で使われたのが、西洋暦が公的に(条約などを別にして、日本の国内で)使われた最初の例だろうと言っているわけです。これがもし本当だとしますと、やはり国際化が契機なんだなと思います。つまり西洋との出会いの現場、灯台はまさにそうですが、そこにおいては西洋暦の使用は当然であるという認識が、明治四年ですから明治維新の直後に急速に広まっていったことがわかります。

ただそれは、あくまでも数字で機械的に表現できる一年一年の表記として、たまたま西洋暦を使ったということにすぎません。ありていに言いますと、慶應四年九月(旧暦)に明治に改元されて、一世一元と定められた。元号表記はその時から一世一元になる。この一世一元になった元号表記と西洋暦の表記とを自動的に並列している。片や明治何年とあって、片や千八百何十何年という表記が両方一緒にされるというだけの話だったわけです。したがってそれによって時間支配が行なわれたとか、グローバルスタンダードを強要されたとか、そういう話ではないんですね。

しかしながら一歩進んで、西洋暦というのはキリストの生誕以来百年を一つの単位として区切っていく時間認識の方法であり、同時に歴史認識の一つの文法ということになります。日本はこれをどう受け入れたのか。これも石井研堂の『明治事物起源』にその事例が出てくる。どうも、最初は明治五年の時点で、加藤弘之が訳した『国法汎論』に、最初に「幾世期」という形で、どういうふうに教えてゆくかが出てきます。

「幾世期と記すものは、世代を表す称にしておよそ一百年を一世期と称す。故に紀元初年より一百年に至る世代を第一世期と言い、一百一年より二百年に至る世代を第二世期という。他はこれに倣う」と書いてあります。

この問題が一つ難しいのは、この「世期」の「期」の字が、やがて同音の、いま使っている「紀」の字に変わり「世紀」になることです。この「世紀」になるのはかなり後の時代で、この使用法が見られるのはだいたい明治十年代の半ばといわれています。ではどうして「期」と使われていたものが「紀」に変わったのか。なぜ「期」が「紀」に転じたかというところに、実は西洋暦の「世期」と、天皇の「皇紀」とが関わってくるわけです。

「皇紀」というのは、もともと「天皇の紀元」で、それを縮めて「皇紀」となったわけです。天皇の紀元の「紀」の字が使われたのはいつかということで、これをよく見てまいりますと、だいたい明治の初めにそういう使い方が出てくる。明治五年ですが、西洋暦や「世期」の使用とほぼ同じ時期に、政府の布告の形で天皇の紀元、「皇紀」が定められます。つまり皇紀と元号というのは、実はお国が決めた時間認識のメルクマール（基準）となる。そこで元号というのは、一年一年の区切りの表記になり、御一新の波に乗り、全国に伝わるようになるんです。それが一方にあり、同時に元号とセットになって、元号よりも射程距離の長い歴史的な意味の文脈を持っているという点で、「皇紀」というのが一時的には西洋化した新しい物好きの人々に好まれるということがありました。

ただ、結局のところそれは定着しなかった。なぜか。歴史の認識をする文脈の中で考えてみますと、「皇紀」というのは、神武天皇以来綿々と途切れることなく続く連続性の一点において特色がある。しかしそれは同時に、時代ごとの特徴にアクセントを置こうとする歴史認識のあり方を著しく困難にしてしまう。では「元号」はいったいどうなのかといえば、元号はそもそも一世一元と決められるまでの明治以前においては、世の中の事象に変動があるたびに改元をしたわけです。何か事が起これば改元。そういう意味では、実は元号自体が歴史認識の文脈を持つ表現の在り方であったわけです。

しかも西洋暦が欧米帝国秩序のグローバルスタンダードであるとするならば、元号は中華帝国秩序のグローバルスタンダードにほかならなかったわけです。そして中華帝国をモデルとした律令国家体制の成立以降、日本にこの元号システムというものが定着してくるというのはよく言われていることであります。しかし、一世一元となることで、元号はそうした歴史認識のダイナミズムを失った。単に即位した天皇の生存年数を表すしるしになってしまうんですね。

そこで、歴史認識の文脈を持つ表記のあり方として、日本オリジナルともいうべき「皇紀」という言い方が浮上してきた。元号は天皇で決まってしまう、だったら皇紀で行こうか、ということですね。しかし鎖国時代の一国史的な視野にとどまるならばいざ知らず、西洋の衝撃を受けた開国以来の世界史的視野から見た場合、皇紀というのはどうしても横への拡がりを持たない。皇紀では西洋の話は説明できないわけです。皇紀何年に西洋で何があったなんていうことは面倒で言えない。やはりそこは西洋暦の世界であるということになります。

そこで明治十年代の半ば以降、事実として、天皇紀元である「皇紀」というのは、次第に西洋紀元である「世紀」にとって替わられていくことになる。それが再び復活してくるのはむしろ二十世紀に入って、天皇制の支配が強まってからなんですね。それまでは「世紀」がかなり大きく取り上げられるという事態になるのだと思います。

こうして日本は、政府の布告という形での国家公認の元号である「明治」と、グローバルスタンダードとしての西洋暦である「十九世紀」というものを併用することになるわけです。しかも西洋紀元でことの成り行きを考えることは、やがて百年単位の歴史認識を自覚化することにつながってきます。それは西洋の衝撃を受けた日本における空間支配なき時間支配の進行でもあったわけです。

この、百年単位でものを考える考え方でひとつ言いますと、十九世紀末には歴史についての議論が盛んになる。十九世紀末というとちょうど一九〇〇年で、これは明治三十三年です。元号は一世一元であるにもかかわらず三十年ちょっと経つと、この数字が今度は歴史的文脈の中で動き始めます。二十年経ち、三十年経ったところで歴史化していく。したがって「明治」というのが単なる天皇が生きてきた数字ではなくなってくるわけですね。だから世紀末は、百年単位で動くものと明治という単位で動くものとが両方連動して、歴史認識の文脈の中でダイナミックに動き始めたことになります。しかもちょうど日清戦争に勝ったところで、帝国議会ができて十年。これが十九世紀末の日本のあり方であったと言えるわけです。

東は東　西は西

さて、百年単位でものを考えたときにどういうお話になるのかということですが、この十九世紀の末から、実は百年間を生き抜いて、なお二十一世紀に向けて生き続けているものがあります。いろいろあるわけですが、さきほど“Whiteman's Burden”という詩の作者として登場したラディヤード・キップリングはまさにその一人です。

一九九八年の九月ですが、ニューデリーで国際児童図書評議会の第二十六回世界大会が開かれました。その「子供時代の読書の思い出」と題する基調講演で、美智子皇后は児童文学としてのキップリングの作品に言及しています。おそらくキップリングと言えば、知らぬものとてない名作、あの『ジャングル・ブック』に他なりません。美智子皇后は「モーグリ少年の住んだジャングル」、あるいは「キップリングのジャングル・ブックの中の『リッキ・ティキ・タヴィー物語』」という形で、幼い時代にみずからが触れ、子供たちにも読み聞かせたであろう懐かしい作品のひとつとして、このキップリングを挙げているわけです。十九世紀末のキップリングの名作が百年経ってなお児童文学として読み続けられている。これがこの百年間の変わることのないひとつの面であったということは、息の長い話としてわれわれも了承できるところでしょう。

しかし待てよ、と思われる方がいるかもしれない。なぜか。十九世紀末のキップリングの『ジャングル・ブック』は、一体いつ日本語に訳されて、日本の子供たちに読まれるようになったのか。そこがわからないと、百年間日本の子供が読んできたということにはならないね、という疑問が生じるからです。実はこれを調べてみますと、一八九四年に原書が発売されますが、そのわずか五年後に『ジャングル・ブック』は『森林物語』という日本語の題名のもとに、博文館が発刊していた

『少年世界』という雑誌に載っています。『少年世界』は当時の小学生から中学生が愛読した雑誌ですが、ここに、一八九九年から一九〇一年にかけて連載されたんです。原書が出て五年ですから、キップリングの日本への紹介というのは、当時としてはほとんど同時と言っていいほどきわめて早い時期におこなわれ、それから百年のあいだ、生命力を保ってきたということでありまして、これ自体が非常に驚くべきことであろうと思います。

さあ、キップリングといえば他にも百年間続いた非常に有名な言い回しがあります。それが「東は東、西は西」という言葉です。これは彼が一八八九年に書いた『東と西のバラード』の中に出てくる表現です。この「東は東、西は西」という言い方は、実はここだけ取り出されて解釈されるものですから、非常に誤解ないし誤読をされるケースが多い。キップリングの文章をよく読んで、力足らずして誤読をしたというわけではなくて、どうもこの百年間、この言葉はかなり意図的な誤解をされてきたのではないかという気がするわけです。

たとえばキップリングを戦前に非常によく読んだ人物、私が近年研究の対象としてきたジャーナリスト、馬場《ばば》恒吾《つねご》という人ですが、この馬場恒吾は、キップリングをとても高く評価しています。馬場はキップリングに惚《ほ》れ込んでいたんですね。

「彼の文章は簡潔で、少ない言葉の一語一語が限りなき幻像を呼び起こす。だから彼は言葉の魔法使だと言われる。英文ではとても真似はできない。しかしもし私に日本文の先生があるとすればキップリングがその人であろう」

とまで礼賛《らいさん》しているのですから。しかも彼は、昭和十四（一九三九）年に『キップリング論』を書きます。その書き出しで彼はこう述べています。

「キップリングのことを書こうと思って、幾冊かの彼に関する評論を読んでみたが、すべて退屈極まりなきものであった。キップリングの書いたものが良いとか悪いとか言っても、それはその批評家の主題を見せびらかすにとどまって少しも面白いともなるほどとも思わなかった」という言い方から始まって、「富士山を形容した百千の文章を読むよりは、一度富士山を見た方がよい」と言うにいたるわけです。

基本的にキップリングは、一九三〇年代には帝国主義者と理解されていました。そのため日本でもはっきりとキップリング＝帝国主義者＝悪という決めつけがなされています。その時代に自分の読みに素直に、自分はそうは思わないという異議申し立てをしたのが馬場ということになるわけです。この『キップリング論』の文脈の中で非常に大事なこととして、彼がなぜ帝国主義者と決めつけられたのかという問題があります。ここにも二つの意味があるわけですが、それについてもう一度「東は東、西は西」の議論に戻りたいと思います。

キップリングの詩は、「東は東、西は西、この二つは決して一緒にはなれない」という部分が引用され、要するに東西文明はついに融和することはないのだ、というニュアンスで読まれているわけです。ところが、この詩の次の文句について馬場はこう解釈しています。「しかし、二人の強い男が面と向かって立つときは、東もなければ西もない。氏《うじ》もなければ種族もない」となっているわけで、「これを見れば『東は東、西は西』と言ったのは、両雄相対するとき西も東もないと言わんがためである。この詩の初めの『東は東、西は西』という文句のみ引用して、西洋と東洋が一緒になれないという議論の材料にするのは、キップリングを誹《そし》るものだ」と言っているのです。しかも当時、H・G・ウェルズが『世界史概観』(邦訳は岩波新書)という本の中で、キップリングを帝国主義の元祖のように言ったために、キップリング＝帝国主義者になっているけれども、絶対にキップリングの真意はそうではない、と馬場は語るわけです。馬場は決して、"Whiteman's Burden"に見られるような、白人の重荷あるいは白人の義務という文脈でキップリングを読もうとはしません。

ここでもうひとつ申し上げておきたいのは、この「東は東、西は西」という文句が日本の今日においても同じように誤解されて議論されていることであります。たとえば幾つかの新聞から、キップリングの「東は東、西は西」が引用されているものをアトランダムに引いてみるとよくわかります。一九九二年にアメリカで服部剛丈《よしひろ》君という高校生がハロウィンのパーティで訪問する家を間違え、家人にピストルで撃たれて殺される事件がありました。その時の東京新聞の朝刊の社説はこうなっています。

「『東は東、西は西』と自作の詩の中で歌ったのはノーベル文学賞受賞最初の英国人小説家キップリングである。長い間に培われた習慣や生活感覚の差は確かに人間同士の相互理解を妨げる」

また、ル・モンドの極東局長であるロベール・ギラン（一九九八年十二月に亡くなりました）が一九九四年に勲三等旭日中綬章を受けますが、この伝達式の際のスピーチで、こう言っています。「西洋化され超モダンな日本が伝統的日本を崩壊させるのでしょうか。私は逆にメディアや情報通信のおかげで、伝統的な日本が今まで以上に知られ、人気が出るだろうと思います。現代の日本人は常に日本型と西洋型とを選んでいます。建築、生活様式、料理、衣服、絵画や音楽、何も発明しないと言われた日本が二〇〇〇年代を支配する最も完璧な発明をしました。私はそれを二重文明人と呼びます。東と西、東洋と西洋を交わらせ、組み合わせました。『東は東、西は西』、東西が出会うことはないと言ったキップリングが間違ったのです」

これも別のタイプの誤読の文脈であります。こういう例は枚挙《まいきよ》にいとまがないわけで、この種の誤読がむしろ正読という形でいまは読まれている。こうした誤読は、東西の違いを問いません。つまり十九世紀の末に彼が「東は東、西は西」と言って以来、常にこれは誤読の文脈で読まれてきました。これは最初にイギリスで彼が帝国主義者として認定される頃から、西の側で誤読が始まり、同時に東の側でもかなり早い時期にそれが受容されてきたということが、わかります。

たとえばインドの詩人であるタゴールもまた意図的に「東は東、西は西」を、今言ったような形で誤読の文脈にもちこんでいきます。

タゴールは一九一七（大正六）年に「ナショナリズム」の中で、「一方では、私達の機会を奪い、私達の教育を国を統治しうるに最低限必要な程度におとしながら、他方で、国家はその良心の咎《とが》めを晴らさんものと、私達の悪口を言い、または、東は東、西は西、その二つは出会うことがないだろうという傲慢《ごうまん》で皮肉な言葉を執拗《しつよう》にあたりにふりまいている」と述べているからです。

ともかく、「東は東、西は西」で両者は別のものであって絶対出会って相容れることはない、というニュアンスのほうが本来のキップリングの意図と異なり、逆に受け入れられていくこと、それがおそらく二十世紀初頭からの、誤読の文脈でありコンテキストだったのだろう、ということを思うわけであります。

そして、今、不思議なことにキップリングが見直されつつあります。キップリング再考の文脈のなかでいうと、どうも「東は東、西は西」の理解がやはり間違っていたということを、それこそ西側の研究者も東側の研究者も言いはじめています。そういう意味では、一世紀経ったところで理解のコンテキストがもう一度引っ繰り返って、それが正論、すなわちキップリングの意図そのものに戻る時期になった、というのがお話の大前提になります。馬場恒吾は先ほど言いましたように、非常にキップリングを買っていました。馬場がなぜキップリングを高く買っていたのかというのは、馬場自身の個人的な来歴によるところが非常に大きいのです。

馬場はもともと岡山県の人で高等学校は三高（京都）から二高（仙台）に転じて、ちょうど一九〇〇年に早稲田を中退します。その彼が高等学校時代からずっとイギリスの文学を原文で読んできて、そしてキップリングに遭遇する。キップリングに出会ったとき、彼は早稲田にいたわけです。最初に就職したのはジャパン・タイムズでした。そこで英文翻訳を仕事にする。日本語の文章を英文に直すということを十年間やる。それをやっているあいだに、どうも馬場自身は日本にいながら異邦人的な感覚になってきた。そうするとインドで生まれた英国人であり、英国に戻って教育を受けたけれど、またインドに戻ったキップリングが、やはりインドで英字新聞の記者をやっていたという事実と共鳴し合う部分が出てきます。つまりキップリングの身の上に、馬場は自分の運命を重ねていくことになる。

しかも馬場は日露戦争後、今度はニューヨークに行くわけです。ニューヨークで『オリエンタル・レビュー』という日本発の英文雑誌を出すんですが、その編集をやるということで向こうに行きます。すると今度は、本当に彼はキップリングがインドでやったのと同じようにニューヨークでアメリカ人に対して英文の文章を書いては議論するという立場になる。結局、ニューヨークにいるからこそ、キップリングというものをいわば自分と同じような異邦人感覚で読み込んでいくことになります。馬場はおそらくキップリングを身体で読みこなしたということができるわけです。したがって馬場は、キップリングを白人の義務論としても帝国主義の主唱者としても読みません。そして次のように言っています。

「彼の小説の大部分は、英国人とインド人の交渉を題材にしているものであるが、それはインド三億の民衆に対する驚異と感嘆と尊敬の心を小説にしたものである。何千年かのインド文化を受け継いで、熱帯の自然と戦ってきたインドの民族には、文明人の底の知れない秘密と底力がある。それをキップリングはいろいろな形において言い表さんとしている。もとより表面的に見れば、英国人がインドを支配している。だから白人がインド人に対して優越の地位を占めている。だがキップリングの目指しているところは、人の心の深さは、白人だってインド人だって異なるところはない。かえって形式的な儀礼に囚われた浅薄な白人よりは、赤裸々ではあるが真実の感情のままに走るインド人が尊敬に値するということである」

これは見事なまでに直感的な解釈であります。もっとも、こののち馬場の『キップリング論』が日本の読み手に影響を与えたということは全くありません。しかしながら二十世紀末になって、今キップリングの読み直しが始まっていますが、不思議にもこの馬場の言ったコンテキストでの読みそのものにつながってくるということをここでは指摘しておきたいと思います。

キップリングの読み直し作業

先ほど言いましたように、キップリングについては、一九二〇年代、三〇年代と、のちになるにしたがって彼を帝国主義者として断罪する向きが強くなります。そしてイギリスでの評価が、そのまま当時の日本の英文学界に取り入れられていきます。当時の東京帝大の英文学の主任教授であった斎藤勇《たけし》が書いたイギリス文学史のテキストなどを見ますと、ひとこと「キップリングは帝国主義を宣伝した作家である」といってそのあと論評しないということになるわけです。そして、どうもこの斎藤勇が示したある種のスタンダードの呪縛がものすごく大きかったようです。英文学というほんとうに狭い世界の中で、キップリングはある意味でナチとか極右に近い人間であるという断罪をされてしまい、日本で紹介されることが少なくなっていきます。本来ならば、むしろ極右やナチスに近い側から翻訳がどんどん出されれば、そういう文脈で読まれ、わりあい国民の拍手喝采を受ける面があったにもかかわらず、実はそこで途切れてしまうわけです。

もっとも、イギリス帝国主義と当時の日本は、アジア、とりわけ中国での利害対立をまねいていましたから、やはり日本でも受けなかったかもしれません。ともあれ、日本の英文学界がこぞってキップリングを帝国主義者であると断罪することによって、日本には入ってこなくなったわけです。戦前はそれで過ぎるわけですが、その斎藤勇流のキップリング解釈が、戦後もずっと日本の英文学界を呪縛し続けます。

これは私が実際に何人かの英文学者にヒアリングをした結果ですが、戦後も帝国主義者であるキップリングなど研究してはいけないという雰囲気があって、そういう雰囲気の中でわざわざキップリングをやろうという人はいなかった。これはわかりますね。大学の英文学科では、とにかく二年間で卒論を書かなくてはいけないのに、わざわざ帝国主義で何か良くない人だと言われている人物を一所懸命読み込んで論文を書くという馬鹿なことはしませんね。当然のことながら、これはやらない。そういう雰囲気の中で、実は彼についてはほとんど戦後の英文学界で言及されることなくきてしまったわけです。

しかし、結論を先に言いますと、一九八〇年代ぐらいから、キップリングの読み直しが始まります。これはエドワード・サイードのオリエンタリズムの議論の逆機能と言ってもいいと思います。サイードのオリエンタリズムの議論では、植民地主義者としてのキップリングは断罪にも値しないぐらいひどいということになっていますが、論評するに足りないぐらいの帝国主義者であるキップリングをよく読んでみると、文学的には面白いのではないかという面からの再評価が始まって、そこからの拡がりが現代につながって来ている状況ではないでしょうか。

八〇年代以降、アメリカやイギリスでキップリング研究の論文がたくさん出始めていますし、伝記も出ています。そうした傾向を追いかける形で日本でも一九九〇年代に入ってキップリングの再考が進み、日本で初めてキップリングの学会ができるという状況になってきまして、いまやキップリングを全体的に見直そうという話になっているわけです。

くり返しになりますが、日本の英文学界の呪縛という現象は本当に面白いと思いました。やはり「帝国主義者だから研究に値しない」「帝国主義者のものを読んではいけない」というのは、ある種の戦後思潮の一つの縛りだと思います。「平和と民主主義」のテーゼの前には一切を受けつけないという、日本の戦後教育の反映がそこにはみられると思います。

もう一つ言っておきたいのは、キップリングの評価をするにあたって、「キップリング＝帝国主義者＝悪」という議論を展開するときに常に出てくるのがジョージ・オーウェルだということです。

オーウェルは「ラディヤード・キップリング」という小さなエッセイを書きます。これは、一九四一（昭和十六）年にエリオットがキップリングの詩の選集を出しますが、それを批評した文章です。そのなかでオーウェルは、それこそ徹底的にキップリングがいかに帝国主義者であるかということを言うわけです。ところがこれをよく読んでみますと、キップリングへの評価は決して単線的ではなく、一面的に彼を非難しているというわけでもありません。むしろ当時リタイアした兵隊たちが集まってキップリング協会というのをつくって持ち上げているという実態や、キップリングという名前は出さないけれども、キップリングを帝国主義的に読みこみ、その匂いをプンプンとさせるような議論に対する非難なのです。したがって彼はキップリングが現実に一九〇〇年前後にボーア戦争について書いた韻文について正当な評価を与え、「彼が思い描く戦争の文学はリアルである」とも言っているのです。

つまり、キップリングの周辺の思想ないし彼への読みこみとは別に、現実の彼のものを読んで、オーウェルはこういうふうに言います。

「十九世紀の帝国主義者の見方と、現代のならず者どもの見方が、互いにべつべつのものだというふうに私は言いたい」と。

すなわち、キップリングのものの見方はファシズム以前のもので、そこで区別されるという言い方をはっきりしていまして、キップリングの言葉づかいや、キップリングがイギリス陸軍の傭兵などをみているときの詩や文章というのは、決して評価できないものではないということなのです。しかし、オーウェルといえば、キップリング批判の側面だけが戦後も引き継がれ、当然そのまま日本に入ってきて、日本ではその一面的な評価の部分が固定化してしまったといえるのではないでしょうか。

英文学界がこのような縛りにかかっているときに、限定条件を慎重につけてですが、キップリングを日本人の意識との重なりの中で、最初に再評価をはじめたのはどうも比較文学ないし比較文化の学界だったようであります。

たとえば、今や古典として有名な平川祐弘《すけひろ》の『和魂洋才の系譜』（現在は平凡社ライブラリー）があります。「白人の重荷と黄人の重荷――キップリングと徳富蘇峰」というエセーを読んでみますと、日本でもよく「民権と国権」という言い方をされるのですが、日本において民権よりは国権を主張する動きのなかで、彼は徳富蘇峰の黄人の重荷――ホワイトマンズ・バーデンではなくてイエローマンズ・バーデン――の主張というものを取り上げるということを初めてやってみるわけです。

そこで平川はこういうふうに書いています。

「《黄人の重荷》という表現は日本人にはピンと来ないが、それはキプ《ママ》リングの《白人の重荷》の主張を逆用したものだからである」

しかし白人の重荷と黄人の重荷というときには実は決定的な差がある、というわけです。差があるのだけれども、相関関係においてこれらを論ずることが適当であると言っています。

「筆者は徳富蘇峰の主張をキプリングの主張とのinteraction（相互作用）の一つとして考察したいと思う。徳富蘇峰やそれに賛成し同調した日本人の間に見られたナショナリスティックな反作用は、国際間の連鎖反応の不幸な一例だが、なぜ蘇峰は《黄人の重荷》のような、《東亜の盟主としての日本》の主張を声高に行なったのか。その主張は明治日本の健康な自己主張や自信回復として認められるべきものなのか」と。

その中で、やはり「白人の重荷」を書いたキップリングの意味というのを、最初にかなり長く論じております。

キップリングが「白人の重荷」の詩を発表したのは一八九九（明治三十二）年であります。徳富蘇峰はそれから七年経った一九〇六（明治三十九）年に、『国民新聞』に「黄人の重荷」と題する一文を掲げるわけです。明治三十九年でありますから、当然日露戦争後であります。そのときに蘇峰はこういうふうに言っております。

英国の文人キップリング氏は、白人の重荷を歌えり。是れ白皙人種が他の人種を、統御するの責任あり、且つ権威あることを、自覚したる告白なり。然も若し白人に重荷ありとせば、黄人にも亦た重荷あらざる可らず。吾人は我が大和民族に向て、此の重荷の自覚を促さずんばあらず

ただ、ご承知のように後に蘇峰は非常に荒々しく、大東亜戦争＝太平洋戦争の時期には露骨に戦争賛美に至る議論をするわけですけれども、ここではかなり限定付きで「黄人の重荷」ということを言うわけであります。たとえば、周辺の国々に対して日本人がどう振る舞うかということについても、日本人が頑張らなければいけないということは強調するわけでありますけれども、だからといって、周囲を全部併合してしまえというような主張にはまだ至っておりません。

キップリングの議論と蘇峰の初期の議論を相互作用と捉えようとして、平川はナショナリズム論を展開したいと思っていたのではないでしょうか。もちろんキップリングについても、彼は「帝国主義者じゃないとは言えないだろう」し、蘇峰も後にあれだけのことを言っているわけだからここで礼賛するわけにはいかないだろう、と限定をつけます。きわめて慎重に限定条件を付けながら、しかしやはり日本のナショナリズムの系譜を考えるときに、キップリングの議論や、それを素直に

読みかえようとした蘇峰の議論を、どこかで見直す必要があるのではないかという主張をこの七〇年代に展開していたのではないでしょうか。

さて、次は漱石であります。漱石については『ナショナリズムの明暗』という本を比較文学者の大沢吉博が、東京大学出版会の「比較文化叢書」というシリーズの一冊として出しています。

特にここで漱石が、日露戦争のときに「従軍行」というかなり英雄礼賛的な詩を書いたことと、ボーア戦争のときにキップリングが「白人の重荷」という詩を書いたこと、この二つを重ね合わせて議論を展開しています。しかも漱石が蘇峰と同じようにキップリングをよく読んでいて、キップリングの雄渾《ゆうこん》な文体を好んでいた、という積極的な評価の点からその二つを比較していくという議論をとるわけです。

大沢によれば、漱石全集が出るときに「従軍行」をどういうふうに中に入れるかというのは、編集者のあいだで大変な議論があったということです。一見日露戦争に対する英雄詩のようにみえるけれども、漱石は日露戦争の結果に関しては必ずしも日本国にとっていいことであったとは言っていない、との留保条件をつけた解説が全集についているのです。しかし「従軍行」を素直に読めば、そんな日露戦争の結果についての議論は関係なくて、やはりあの戦争の情熱とか、戦争にある種英雄的な感動を覚えたという文脈で詠んでいるということは、おそらく間違いないだろうと思います。そういう意味で、大沢が言うように、漱石が書いた「従軍行」という詩と、当時の帝国主義者としてのキップリングの英雄詩というものに根底で重なる部分があったことは疑いありません。

実は、キップリングはイギリスで教育を受けて、十六歳のときにまたインドに戻って、インドで新聞記者をやっていたわけですが、そのときに書いていたものが本国でかなりの評判を得まして、彼はアジアを漫遊しながらイギリスに戻るわけです。これが一八八九（明治二十二）年でありまして、ちょうど日本では大日本帝国憲法ができた年であります。そのときに、キップリングはひと月日本に寄っていて、日本の印象記を書いています。

それから三年後の一八九二年にもう一度日本に来て、鎌倉の大仏についての詩を書いたりしています。日本のことを書いたものはいくつかあるのですが、それを一九八〇年代にイギリスの外交官であり、日本研究者でもあったヒュー・コータッツィたちがまとめたのが"Kipling's Japan"（キップリングがみた日本）というもので、これにキップリングが日本を見た当時の出版物が再編集されて入っています。一九八〇年代に出たということは、やはりキップリング再考といったレベルの話になるだろうと思います。

そこで、キップリングが日本をどう見たかという話になります。十九世紀末の日本をキップリングがどう見たのかをここで少し紹介して議論のつづきにしたいと思います。この部分は、実はかの馬場恒吾も読んでいるわけです。馬場は、これを読んで次のような議論をしています。

その頃私が読んだものの中に、from sea to sea（海から海へ）と云うのがあった。これはキップリングが印度の新聞記者を罷《や》めて英国に帰る途中、日本を通って米国に至った旅行記である。日本のことをどう書いて居るかと思って、日本に来た時からの処を読んだ。長崎の料理屋で、四、五人の若い女に取巻れて食事をした。キップリングは矢張英国人らしい、何処かの教授と一緒であった

そこでキップリングはこう書いています。

印度の倶楽部に居る、我が尊敬する友人達よ。諸君は旨い食事を済ませた後に、クッションにもたれ、一人の美人にパイプをつめさせ、四人の女に分からぬ言葉でお世辞を云われたことがあるか。それがなければ、人生はどんなものかという事を知らないのだ。此所には少くとも半年考えても考え尽せないほどの色彩と食べ物と快楽と美がある。私はもはやビルマ人たるを欲しない。私は日本人たらんを欲する

それに対する馬場の評価は、

冗談半分に書いているのであるが、キップリングが桑港《サンフランシスコ》に着いて寂しいホテルに寝たとき、お豊を思って泣いたと書いて居る。ほとんど素通りのようにした彼が、夢の如き日本を忘れかねたことを、私は読んで嬉しく思った

という表現になっています。ここでも馬場はキップリングを素直に読んだに違いありません。

このようなキップリングの日本論をどう評価するかですが、実は二十世紀末になって色々な見方が出てきています。一つはたとえばドナルド・リチーです。『十二人の賓客』という、日本に来た外国人が日本に何を見出したかというテーマの本をTBSブリタニカから出していて、このなかにキップリングについての議論があります。それからもう一つ、小倉和夫が中央公論社から出した『東西文化摩擦』の中に“Kipling's Japan”からの引用があります。これらはいずれも一九九〇年代に入ってキップリング再考の時期に出ているのですが、東西文化に通じた外務官僚の小倉の見方と滞日四十年のジャパノロジストのリチーの見方は、キップリングの同じ文章への評価にあたって、正反対に違います。

すなわち小倉は、徹底して「キップリングは日本のことを馬鹿にしている」という文脈で読みます。それに対してリチーは「多くの外国人の日本旅行記と違って、徹底して素直な目で日本を見ている。これぐらいありのままに書いた、その意味では非イデオロギー的な日本論は少ない」という

立場であります。

これらに対して、第三のケースとして言語学者、伊勢芳夫（「日本近代のマスター・ナラティブ」大阪大学『言語文化研究』二四号、一九九八年）の場合は、その中間というところにあります。要するにキップリングが日本を見るときの眼差しを、当時流行っていた「グローブ・トロッター＝世界漫遊観光旅行者」という自己規定に見出すのです。自分は旅行者なのだという限定を常につけて、旅行者という目で見るからものごとがすべて素直に見えるわけです。しかし時として旅行者としての眼差しをフッと脱して日本に同化する場合と、フッと白人に戻る場合とがあって、そういう視点の移動があるのだというのが、伊勢の解釈です。

たとえば帝国憲法発布の年に来たときのキップリングの日本の見方を言えば、憲法を初めてもった国をどう評価するかということで、彼の気持ちが揺れるわけです。イギリスにすでにあるものと同じものを日本がもったということに対する非常に不可思議な感情と、しかしそういうものをもちながら日本というのは進んで行かざるをえないのかなという感情があい混じった評価であるというのがよく出ています。

さらにキップリングは日本を実際に訪れてみると、日本の骨董品には素晴らしいものがいっぱいあることに気づきます。これはイギリスよりも、骨董品というものをきちんと生活のなかに生かしているという意味で、案外日本人のほうがすごいのではないかという感想をもつことになります。

しかし、いや待てよ、と考え直します。日本人の生活というのは、このまま西洋化が進んでいった場合にいったいどうなるんだろうかという不安を持ってみたりというところがあるわけです。

最後に、伊勢が述べているように、やはりキップリングは、いったんインドを見た目で日本を見たので、ある意味でアジアを見る目線というものがどこか相対化されているのではないかという指摘が重要です。日本を見るときに、ちょうどインドにあったものと同じものを見つけて、「あれがアジアなのだ」という言い方をするからです。ただ、インドにあったものを日本に見たときに問題なのは、インドはそれで変わらないのだが、日本はインドにもあったものをおそらく捨てて、そこに西洋の何かを代替物として取り入れて近代化していこうとしているのではないかという、複雑な解釈をするわけです。キップリングはこのときまだ二十代の青年でありますけれども、そうした複線的な眼差しで物事を見ているということの面白さが、ひしひしと伝わってくる感じがします。

さて、キップリングの読み直しが始まっていると言いましたが、キップリングをどう読み直すかが、実は二十世紀から二十一世紀にかけての問題に関わってきます。たとえば『ジャングル・ブック』に並ぶ、あるいはそれ以上にキップリングの中で面白い小説と言われるのが、一九〇一年に出された『少年キム』という小説です。これは斎藤兆史《よしふみ》という東大の教養学部の先生が一九九七年に翻訳(晶文社、現在はちくま文庫)を出しました。この翻訳を読んでみると、その面白さが伝わってきます。斎藤の解説から拾い読みをしておきましょう。

「時は一九世紀後期、ヴィクトリア女王を君主とする大英帝国の黄金時代である」
問題は、ここで南下政策をとっていたロシアと英領インドを守らなければいけないイギリスとの間に、さまざまなトラブルがおこることです。

そこで命懸けの諜報合戦、すなわち闇戦争《グレイトゲーム》が繰り広げられるわけだが、（物語の中では）英国側の諜報部は深刻な人材不足に陥っている。そこにスパイとして理想的な条件を備えた一人の少年が現れた。英国人でありながら孤児としてインドで育ち、頭の回転が速く、身の軽いこの少年こそ、我らがヒーロー、キムである。

物語は、一三歳のキムがバホール博物館の前で一人のラマ僧と出会うところから始まる。少年は仏陀の足跡をとりながら、伝説の「矢の聖河」を探すというこの僧に興味を持ち、弟子として旅に同行し、自らも父親が予言した「緑野の赤牛」を探そうと決意する。だが、旅に出るには少々懐が寒い。そこで少年は知り合いのマハブブ・アリのもとを訪れて金の無心をする

というところからはじまって、やがて彼は諜報戦に入っていくわけです。まさに諜報合戦のまっ只中にあって、ラマ僧とのあいだの仏教をめぐる話というのもそこに出てきます。全体としてはスパイ小説として展開されていくことになります。

このキップリングの『キム』をどう評価するかというところに、実はサイードのオリエンタリズムの問題が出てくるわけであります。サイードは、一九九三年に『文化と帝国主義』(邦訳はみすず書房)という本を出しています。斎藤によれば、このなかで『キム』についてかなり詳細な議論をしていて、「作品の帝国主義的な要素を批判しつつ、その文学的価値に対しては然るべき賛辞を与えている」ということになります。そのことについて斎藤自身はこう書いています。

キップリングの文学は、本当に帝国主義を奉じているのか。確かに『少年キム』も人種・階級差別をふくめ、英領インドの諸相を英国人の視点から描いている。筋書きだけを追うかぎり、英露の闇戦争における英国の勝利を描いた物語と読めなくもない。だが、作品が現実の時代背景に基づいていること、そして英国人が植民地を描いたことをもって、帝国主義的と断ずるわけにはいくまい。キップリングが英国人であることにどれだけの誇りを感じていたのかは別にして、彼は見たままのインドを描いたのである

しかもラマ僧が出てくるわけです。斎藤によればこのラマ僧の存在理由というのは、帝国主義からだけでは絶対に説明できないのです。

ラマに焦点をあてれば、『少年キム』は植民地支配という現実の中で、異民族和合の理念を求める実践倫理の書として読むことができる。白人でありながらインドで生まれ育ち、「みんなの友だち」と呼ばれるキムは、いわば多様な人種・民族・宗教を融合する行動原理であり、ラマはその行動の規範となる存在である

この帝国主義の観点からだけでは読めないという文脈が、おそらく素朴に、最初に馬場が、同時代人としてキップリングを読んでいたときの感覚に非常に近いのではないかと私は思います。これは私が両方を読んで感じている点です。

どうも日本の近代を考える上でこれは大事な議論でありまして、単純に近代は帝国主義であったから日本も帝国主義に流されていったという話ではないのではないか、ということであります。帝国主義についてもいろいろな理解の仕方があるのではないか、ことは帝国主義だけに限りません。日本の近代を語るさまざまな言葉や意識についても、ひとつひとつ吟味してまいりますと、当時の解釈の多様性と可能性がもっともっと明らかになるのではないか。そうした多様な理解の幅の中で、最終的に日本がひとつの道を選び取ったという話なのではないか。その含みを持った部分が、意図的かどうかわかりませんが、百年のあいだにだんだん忘れられていく。その忘れられていった含みの部分をなんとか再現しないといけないのではないかというのが、私の今感じているところであり

ます。

つまり近代二度目の世紀末が意味しているのは、何々主義者だから見ないとか、何々主義だからどうだ、というところを解き放ってみないといけない。ある種の呪縛からの解放である。それをやることが、いま二十世紀の終わりにわれわれが求められていることだという感じがするわけです。

馬場恒吾と吉野作造

さて先ほどから私はたびたび馬場恒吾を話題にいたしました。この馬場恒吾を取り上げるときに、どうしても忘れられないのが、吉野作造であります。吉野と馬場というのは同時代人です。ほぼ同じ時代を生きた、同じ時代精神を持った人間として見ていくのが非常にふさわしい。吉野は明治十一（一八七八）年に生まれます。馬場は明治八（一八七五）年ですから、吉野より三歳年上ということになります。吉野は三歳年下であったにもかかわらず、亡くなったのは早い。昭和八（一九三三）年に五十五歳で亡くなっています。馬場の方は、昭和三十一（一九五六）年まで生きていますので、吉野が亡くなってなお二十数年長生きをした。そこのところは違うんですが、生き方そのものは非常によく似ている感じがします。

馬場は京都の三高にいて仙台の二高に移ったと言いましたが、吉野作造は同じ時期に二高に入っていています。二高に吉野と馬場がいた時期は相互にずれていますが、吉野が二高に入ってすぐにキリスト教に入っていくという軌跡をたどるのに対して、馬場の方が揺れます。そもそも京都から仙台の二高にやってきたのは、造船学を勉強するためでした。ところが造船学を勉強しに来て、そこでものすごく煩悶《はんもん》するわけです。十九世紀末の煩悶です。信仰の問題にぶつかる。そして彼も仙台時代にメソジストで洗礼を受けるわけです。メソジストで洗礼を受けると、安部磯雄の後を追って、同志社に行く。だからすぐに二高をやめて同志社に入る。同志社の神学部に入るんですが、そこでまた青春の煩悶をくり返して、結局キリスト教についていけないということで、彼は同志社を中退して、明治三十一(一八九八)年に早稲田に入るわけです。

吉野の方は、明治三十三(一九〇〇)年に東京帝大に入学し、そして卒業して、中国を回っていろいろな経験をして、明治四十二(一九〇九)年に東京帝国大学の助教授になる。そして一九一〇年から一三年まで今度はヨーロッパに留学にするわけです。馬場の方は、明治三十三(一九〇〇)年に早稲田をやめて、ジャパン・タイムズに入る。そして一九〇九年にニューヨークに渡ることになります。

吉野は一九一〇年から一三年まで、馬場は一九〇九年から一三年まで、それぞれヨーロッパとアメリカにいる。いわば日露戦争後の欧米体験というのをどちらもやっているわけです。この欧米体験が彼らに与えた影響は、決して軽いものではなかったと思います。同じ時期に欧米に行った人はたくさんいます。たとえば松岡洋右《ようすけ》という人間を考えてみればよくわかります。yellow peril、いわゆる黄禍論《こうか》が言われていますから、白人優位の世界にあって黄色い人種は基本的に劣等であるとされ欧米で批判されますし、移民の制限問題などもおこってきます。すると松岡洋右はそこで完全に反米主義、反欧米主義に凝り固まるわけです。そして攻撃的なナショナリズムになっていく。馬場とか吉野はそうではないんですね。私も彼らを見ていて、決してハッピーな海外生活をずっと送ったとは思えない面があるんですが、しかしどうも海外での経験というものを彼らは比較的穏やかに受け止めた。攻撃的なナショナリズムであるとか、逆に日本の方が偉いんだとか、そういう議論にはならずに、日本のあるがままの現況というものを彼ら二人ともそのまま見ているという感じがします。

・

二人とも日本に帰ってくる。帰ってきた一九一〇年代は第一次大戦をはさんだ時代です。吉野がいちばん活躍したのは、大正三(一九一四)年から大正十三(一九二四)年までの十年間、彼が東京帝大の教授の職にあった時です。そのときに『中央公論』の編集長でありました滝田樗陰《たきたちょいん》にスカウトされて、『中央公論』に非常に多くの論説を書くわけです。みなさんご承知のように、民本主義ということを言いまして、日本における民主主義的な傾向、デモクラシー的な傾向を助長するような論説を書いたのがこの時期です。

大正十三年に吉野は帝大をやめて『朝日新聞』に入ります。しかし、『朝日新聞』で書いた論説が筆禍事件の原因になって、移ってわずか四カ月で彼は『朝日新聞』を辞める。つまり吉野作造は、四十六歳にして浪人になるわけです。この時期の馬場は、いわば雌伏《しふく》十年の時期であり、彼も大正三年から大正十三年まで、徳富蘇峰がやっていた『国民新聞』の編集局長を務めていた。この大正十三年の関東大震災を契機に、馬場もまた十年いた『国民新聞』を辞める。『国民新聞』の経営者が交代したということで彼は辞めるわけです。彼が辞めたときは四十九歳。

ですから吉野四十六、馬場四十九、つまり五十歳を待たずして二人とも浪人になってしまうということなんですね。五十を待たずして浪人になるというと、今日早期定年といって五十歳前後ぐらいで辞めて、という話がありますから、第二の人生をどうぞ、という話とよく似ているわけですが、吉野の場合は、政府と言論機関との狭間にあって辞めさせられたわけで、馬場の方はもうちょっと積極的な浪人生活ですが、ここから二人のそれからの時代が始まると言っていいと思います。

それからは結構大変な時代で、吉野の場合はだんだん民本主義が色褪せてくる。『中央公論』に加えて、この時期『改造』という雑誌が出てきます。民本主義よりも、もっと無産主義の方に全体の風潮が流れていきますから、その中で吉野はもはや時代遅れだといわれるようになるということですね。

ただこの時期に吉野がやった活動のひとつが、先ほどちょっと言った「明治文化研究会」です。石井研堂とか宮武外骨とか尾佐竹猛《おさたけたけき》といった、一騎当千の、言葉は悪いですが、かなり偏屈な、偏屈であるが故にいろいろな資料を見つけてこられる人たちと語らって、「明治文化研究会」を作る。

大正期の後半というのは、ちょうど明治維新五十年になるんですね。そういえば今年（一九九九年）は東京都立大学五十年でいろいろ記念事業をやるようですね。同じように明治維新五十年でいろいろ記念事業をやろうということで、維新史をどんどんたぐり始める。その時に「明治文化研究会」ができているということは象徴的であります。

吉野作造は特にそこが面白い。吉野作造の日記が岩波から出た著作集に入っていますが、この中でも、特に彼の晩年の日記、昭和三年以後の日記はものすごく面白いですね。どうして面白いか。日記の話は別にしますが、とにかく彼は晩年、病んでいてそうとう苦しいんです。病気に苦しみながらも、生き生きとしているのはわかる。彼ぐらい走り回っている人はいないと思うぐらい、彼の日記を見ると毎日じっとしている時がない。病気なのに朝早くから行動していろいろなところを歩き回る。とにかく研究会に出たり、人に会ったり、人を紹介したり、すごい活動をするわけです。あれを見ていると、根本的にどうも帝大教授にはあわなかった気がします。書斎にどんと構えていて、欧米の学術的な本を読んで、横のものを縦にするというだけの人ではない。一種の現場主義である。これは本当に面白いと思います。人を毎日のように紹介する。紹介状を何通書いているかわからない。しかもその紹介も、自分が知っている人に紹介するのならわかりますが、自分の知らない人にまで紹介するわけです。

「たぶんあなたは私のことを知らないと思いますが、私はあなたを知っています」ということで紹介状を書く。それから、金をくれという無心が多い。金をくれといってやってきた人に金をあげる。あげるとまた来る。もうおまえにはあげないと言いながらまたあげる、という状態で、とにかく彼の行動力の幅はすごいものである。

そういう中で彼がもっとも大事にしていたのが「明治文化研究会」の会合なんです。これはだいたい月に最低一回はあったようですね。夕方やっていることが多くて、研究発表をやったり、あるいは古老がやってきて昔の話をするというので、それを楽しみにして、毎回毎回彼は出る。ただ、気の毒だと思うのは、今日と違って、電話やファックスやEメールなどありませんから、突然講師が来ない、行ってみたら部屋が閉まっていて誰もいない、ということがしばしばある。彼は病気なんですよ。病気でふうふういいながら行ってみると今日は休みということがけっこうあるんです。

無駄足を踏むというのはまさにこのことなんですが、ただわざわざ遠くまで来て無駄になっても、彼は絶対に怒らない、愚痴《ぐち》らない。少なくとも日記の中にそういうことは書いていない。あいつは来なくてけしからん、とか全然書かない。今日は閉まっていたからしょうがない、ではどこへ行くかといって、また別の人のところに行く。とにかく走り回る。前向きの精神というのは変わらなかった人だという感じがします。あれを読んでいて、実際にこんな生活をしていたら五十五歳で亡くなったとしても無理はない。おそらく彼の生涯の運動量は八十近くまで生きた馬場恒吾と同じぐらいだったのではないかという感じさえするわけです。

同じ時期に馬場は何をしているかといえば、『政界人物評論』を書き始めて、いわゆる人物評論を五十の手習いで始めるわけです。

この二人の間にどういう接点があったのか。まずは「二七会」です。これは『中央公論』の執筆者を、外交評論家の清沢洌《きよさわきよし》が中心になって、毎月二十七日に集めて「二七会」と名づけたものです。昭和三(一九二八)年から始まって、追っていきますと昭和十九(一九四四)年まで断続的に続けられています。この会合に誰が集まったのかといいますと、吉野、清沢、馬場と、長谷川如是閑《にょぜかん》、プロレタリア作家の細田民樹《たみき》、戦後首相になった芦田均、正宗白鳥《まさむねはくちょう》、徳田秋声、海軍出身の評論家であった水野広徳《ひろのり》、それから三木清や石橋湛山《たんざん》も時々顔を出していたという会合です。なんと言うことはない、サロンのような会合ですが、これがずっと続いたことの意味は、私は非常に大きかったと思います。馬場はこの会合についてこう書いています。

「私が友人として親しくしている人は、みんな自己という考えをきれいに捨てている人ばかりである。だから楽しい。彼らはいずれも自分を客観的に取り扱っている。他人を見る如く自分を見ている。だから自己にこだわるところが少しもない。だから話をしていても八方開けっ放し、融通無碍《ゆうずうむげ》、風の吹き通しのよい部屋にいる如く心持ちがよい」

そこでは何も議論をするわけではない。集まって「やぁ」というだけの会合なんだけれど、それをひと月にいっぺんやることで、その関係が続いていく。そういうことなんですね。馬場と吉野の最後の出会いは、実は吉野の日記に出てきますが、これは「水曜会」という新しい団体をつくるというところで出てくる。昭和七（一九三二）年、五・一五事件の後ですが、戦後右翼でならした矢次一夫《やつぎかずお》が吉野作造とつながっているという点が非常に不思議です。矢次は岸ともつながりますし「国策研究会」をつくって、戦後は本当に容貌魁偉の怖いおじさんになるわけです。

それがこの時期はずっと吉野作造のところに出入りしている。なんとなくそれが感覚的にいやだということで、なかなかその事実を直視したくないという研究者もいます。しかし矢次は、吉野が亡くなったときに出た『故吉野博士を語る』という追悼文集がありますが、それにも書いている。でも一貫して、矢次と吉野につながりがあったことは無視されて来たんですが、吉野日記を見る限り、無視できない。そこで「水曜会」という団体を作ろうとする。ここで労働運動家の麻生久と矢次一夫をブレインにして、馬場と内務官僚の池田宏を入れようというわけです。馬場と池田と吉野で「水曜会」を作ろうとする。この団体は吉野の言い方を借りますと、「時勢が違うので〈黎明会〉（かつて彼が東京帝大の時代にやっていた会）のように玉石混淆は駄目、もう少しイデオロギーのはっきりした連中を集めたい。まず池田宏、馬場恒吾をあつめてやろう」ということです。二、三回準備的な会合をして、イデオロギーのはっきりした同志が指導していくような会をつくる。どうやら吉野は、これを最終的には無産新党の別働隊ぐらいにまで発展させたいという意気込みを持っていた。先ほどの「二七会」がほんとうのサロンだとすれば、この「水曜会」というのは、彼の意図としては、やや前衛的な集団にしたいということだったと思うんですが、残念ながら吉野が病に倒れて他界しますので、これは途中でおしまいになります。

さて、そうして吉野と馬場との関係を見ていきますと、吉野作造は昭和の初めに『中央公論』の執筆を断念させられるといいますか、もはや時代遅れなのでやめてもらうということで、彼は巻頭言を書くだけになるんですが、その巻頭言を、吉野が亡くなった後、実は馬場恒吾が引き継ぐわけです。そういう関係があるというところもあり、この二人については、探っていくとまだまだ面白いことが出てくるのではないかという感じがします。

「二十世紀」と「革新」

いま、『中央公論』や『改造』という雑誌の話をしました。実は、各時代にはそれにふさわしいキャッチフレーズというものがありまして、雑誌のタイトルまでになった「改造」もそうですが、特にこの時期にいわれるのは「革新」という言葉です。いま「二十一世紀」とか「改革」という言い方がされていますが、この「二十一世紀」という言い方と似ているものに、かつては「二十世紀」という言い方がありました。生方敏郎というジャーナリストが書いた『明治大正見聞史』(現在は中公文庫)の中に出てきます。

「十九世紀末によく言われたのは『二十世紀』という標語だった。二十世紀の文明国に左様なことがあるべきことかと人を責めるときに用いた。われわれ二十世紀の人間は品格がなくてはならん、あるいは商人はぬからず広告などいろいろなものに二十世紀を用いた」と生方は書いています。

つまり「二十世紀」という言葉が百年前にはほとんど濫用といってもよいほど、新知識のシンボルになっていた。この「二十世紀」という言葉が絶えて、「革新」とか「改造」という言葉に変わるのがちょうど大正七、八年です。つまり吉野たちが出てきて、民本主義と言い始め、その動きがやがてベルサイユの講和会議の後、日本の外交が堕落しているという話から、「改造」「革新」をシンボルとした動きが盛んになり、「二十世紀」という言葉はそこで終わるんです。ただ、考えてみますと、「革新」という言葉は非常に長い生命力を持ちます。すでにしてこの言い方自体が違うとは思いませんか。「二十世紀」というのは何か新しいことを意味します。けれど価値中立的なんです。古いものよりは新しいものがいいという言い方ですが、「二十世紀」ではなくて「革新」という言葉は、それ自体が現状打破というか、いまの現状を変えなければいけないというニュアンスを持っています。

一九二〇年代の「革新」論は、一九三〇年代になると様々な軌跡を描き始めます。そして右であれ左であれ、国家主義に近い方がだんだん「革新」というシンボルを組織としても持っていくことになります。これが都立大日本政治史の二代目担当教授、伊藤隆さんの「革新派」という議論にもつながって行くところです。「革新官僚」と言われるものが出てきたり、あるいは「革新的な知識人」、それに同調する軍人が出てくるのはこの時期の話です。

したがって「革新」という言葉は、一九三〇年代を通して、全体主義的な改革をするという方向性を指し示すということになります。この「革新」という言葉はその意味では時代の推進役になって行くわけですが、実は戦時体制と運命をともにします。戦後になると「革新」という言葉は一転して忌避される。「革新官僚」とか「革新的知識人」と言ったら全部戦争の推進者だったではないか、これはまずいのではないか、したがって使わない、ということになりました。戦後において、いちばん面白いのは、戦後創設された有名な政党は、いずれもみな、自由、進歩、社会、民主、改新、協同というタームを用いて、「革新」という言葉を賢明にもみな避けたことです。この「革新」という言葉は、では死語と化したかというと、そういうことはないのでありまして、数年ののちに装いも新たに再登場することになります。

それは実は一九五〇年に中道左派連立政権の後、少数党に転落した民主党と協同党が一緒になって国民民主党を創る過程で出てきます。つまり当時の第二保守党の中に「保守革新派」という言い方で生まれてくる。人でいえば、三木武夫であり、中曽根康弘であります。すなわち協同党をバックにした三木派と、民主党の中の少壮派である北村徳太郎を中心とする北村派。この北村派と三木派が当時の第二保守党である国民民主党の中で多数派を占める。そして三木派と北村派は、資本主義のあり方、あるいは講和独立の方法など政治体制の根幹にかかわる問題を焦点に、当時の吉田自由党と真っ向から対決しようとします。したがって自称はむろんのこと、ある程度他称でも「革新派」という呼び方をされるわけです。

後年、中曽根康弘は、「自分自身は保守党内の革新派であった」と言っていますし、三木武夫が「保守党内革新」というときの原点はここに求めているのであって、「革新」という言葉が生き返ってくるとすれば、おそらくこの時点であったろうという気がします。しかし皮肉なことに、この保守革新派というのが、吉田自由党との政策的な相違を明確にすればするほど、逆に党内では少数派だった、自由党との連携派が危機感を強める。したがって党勢拡大が覚束《おぼつか》ないことになる。つまり革新的な政策に固執する限り、政権はおろか、党勢拡大すら望めないというジレンマに陥るわけです。

多少先回りをして言いますと、保守合同後の社会党は、今度は革新シンボルを独占します。つまり、保守合同が行なわれ、自由民主党ができ、日本社会党ができた途端に、「保守の中での革新」という呼び方は消えます。そして「保守」対「革新」という図式が成立し、五五年体制のもとでは「革新」は、社会党から左を指すことになります。ここでもう一度「革新」という言葉の実体部分の入れ替わりがあった。これは、私は注目に値するなかなか面白いことだと思います。昭和二十年代は、実は保守党と社会党と、この保守革新派のような存在とのあいだの区切りがそうはっきりしていない。非常に曖昧な線が引かれていた。それをがっちりした実線にしてしまったのが、他ならないぬ保守合同であり、社会党の統一だったと思います。

一九五五年の保守合同あるいは社会党の統一というものは第二保守党と右派社会党とのあいだにとりわけ強い線引きをしてしまった。昭和二十年代ならば本来ならそこは括れる状態だったんですが、それを切ってしまった。それが故に、ある意味で政治体制全体は安定をしていきますが、同時に政治体制が本来持っているはずの集合離散のメカニズムが衰退していく。後になって国際政治、あるいは世界経済が一挙に動くときに、それにダイナミックに対応していく柔軟な要素を失わせしめたのは、明らかにこの帰結だろうという気がしています。

実は保守合同に際して、この保守革新派もまた変貌を遂げます。革新政策に固執していてはジリ貧を免れないというわけで、三木派は松村謙三と組んで三木・松村派と変わっていきますし、北村派は河野一郎と組んで、やがて河野派に吸収されていく。三木武夫はのちに自民党の総理総裁になりますし、またこの時期北村派にいて革新派の青年将校と言われた中曽根康弘もやがて河野派に行き、首相への道をたどることになる。こうして保守合同とともに、革新のシンボルは、党是はおろか派閥を特色づける用語としても保守党である自由民主党から消えます。しかし革新のシンボルはしぶとく転生を図ります。すなわち社会党を中心とする野党勢力が一九五〇年代の末頃から革新というシンボルを独占し続けることになるわけです。

伊藤隆さんがすでに指摘しているところですが、戦前の革新派に連なる人的系譜で見る限り、この呼び方の復活はふさわしいものであったと私も思います。爾来《じらい》四十年から五十年近く経って、三度目の革新もまたジリ貧の運命に甘んぜざるを得なかったというのが世紀末の現状でしょう。しかしながら、その革新シンボルからむしろ解き放たれた第二保守党の革新派から、三木、中曽根という二人の政権の担い手を出したということは、ある意味で五五年体制という政治体制の硬直化を招いたものの、自由民主党という政党の一方での柔軟性を示す事実であろうという気がします。九〇年代になって、とりわけ九三年以来今度は手垢《てあか》が付いた言葉になりましたのが、実は「改革」という言葉です。九三年の自民党政権の崩壊の時にいろいろな言語が飛び交いましたが、「革新」という言葉はそこでも嫌われました。あれは駄目だと。あのときにずっと出てきた言葉を整理してみるとわかりますが、ここでも「革新」という言葉は使われておりません。なぜ使われなかったのか。あれは社会党を意味する、だから「革新」は駄目だと。それで「改革」がキーワードになったわけですが、どうでしょうか。

　この使いふるされた「革新」という言葉が、今度はほんとうに社会党、いまの社会民主党とともに姿を消すことになるのか、あるいはいま新聞に「革新」という言葉がまた出始めていますが、二十一世紀にかけて、もう一度生き返るのか。これは非常に面白いところであります。ともかくこの「革新」という言葉が持っていたかなり大きな生命力に、私は二十世紀の日本の政治のひとつの特色があると思います。この言葉がそれこそ政治の全体的な傾向を意味し、あるいは政治の具体的な組織を意味し、それがまた重なりあうことによって意味を持ちながら、ずっと使われてきたわけですね。

「革新」という言葉は、大正七、八年頃からといいましたが、この言葉を生んだ根っこのところに、実はロシア革命があったことは間違いありません。ロシア革命があって、その衝撃が「革新」という言葉のダイナミズムを強めたのであって、ロシア革命がなければ、この言葉だけで日本の現状打破ということを言う雰囲気が出てきたかどうかわからない。そういう意味では、ロシアの社会主義国家は崩壊したわけですが、ソビエトが生まれた時に作られた日本の「革新」という言葉はぐるぐる回りながらここまで来た。はるばる来つるものかなという感慨がありますが、まだ死に絶えてはいない。もう一度、二十一世紀にこの言葉がよみがえるかどうか、これはなかなか注目に値するところだろうという気がします。

エリートとセルフメイドマン

さて、これまで「革新官僚」とか「革新的な軍人」を話題にしましたが、この人たちはいずれにしても当時のエリート官僚、エリート軍人であったわけです。当時のエリートたちが、一九四五年以後どうなったかを見るのに、最近いちばん面白かったのは、当時巣鴨の獄中にあった笹川良一あるいは戦前の右翼系の実業家であった石原広一郎《ひろいちろう》らの日記です。実は最近彼らの日記が一般読者にも公開されました。その日記の中に、巣鴨プリズンの中の異常に凝縮された人間関係が出てきます。これを読んでいると、なかなか世の中というものは斯《か》くもこうであるかということがよくわかるんですね。笹川良一の『巣鴨日記』(中央公論社)というのは私が実際に担当したわけですが、その中に非常に面白いエピソードが出てまいりました。巣鴨プリズンの中で何が起きるかと言えば、だいたい食べ物が足りないから食料争いが起きる。昭和二十一年前半、特に食料争いが激しいときですが、笹川の日記にはこう書いてある。

「天下の大物でも、獄では食欲以外ないと見えて、もっと多く食料をくれ、飯をくれという。(中略)大人物がまっさきに食がなくなると困るというので、順番の前に割り込む。卑《いや》しいものである」

これには名前も実際に出ています。割り込んでくるかつてのエリートの名前が書いてある。次は二月二十一日の日記ですが、これにも名前が出ています。

「動物化した人間の目は実に鋭いし、特に食の配給において、今日運動の時若い連中余に訴えて曰く、一号室の飯盛り浅野、山田その他の連中が、老人の元大臣その他の人たちに配給なす量特に多し。その原因は、元大臣青木一男氏の如きは煙草を飯盛りに進上、敬意を表すことによりて、多く飯その他の食糧が配給される等。それを聞いた余、実に驚き悲しむ」と書いてあります。

つまりB級、C級の若い戦犯と、A級戦犯のエリートたちが一緒になるわけですね。一緒になるとどうなるかというと、A級戦犯の方が飯がたくさん欲しいというので、煙草をやって飯をおれのところにたくさん注げと言うわけで、実に醜い争いがその中で展開される。青木一男という名前が出たときに、これを本当に出してもいいかなと思ったんですが、戦後五十年でもう時効だからかまわないと思って出しました。青木一男も戦前の革新的傾向になびいたエリート官僚なんですね。もうひとりこの時に決定的にみんなに嫌われるのが、革新官僚の前に新官僚と呼ばれて一九三〇年代初頭に出てきた後藤文夫であります。これがまた風呂の入り方が汚い。最初にシャボンをつけてそれでどぼんと飛び込む。これではあとの人が入れないと何度注意してもやめないとか、その類の話がいっぱい出てくるんですね。笹川はそれからこう書いています。

「これ以後、廊下を挟んであちら側とこちら側との食事の争奪戦がいよいよ本格化する。」つまり廊下があって、向こう側とこちら側とどちらが飯をたくさん取るかで大喧嘩になるわけです。これは傑作な話です。どうも向こうがすり替えているらしい。すり替えているから、どうもこっちに来る分量が少ないと言うことがわかるんですね。「結局」と笹川は書いています。「大川周明と松井石根が向こう側が自分側の食事を盗むという、あられもない投書を所長に出したため、すべては烏有《うゆう》に帰す。喧嘩下手である。向こう側より少ないから、同様に配分せよと言えばいいのに、盗んだと言うから、喧嘩は当方の負け」と書いています。要するに笹川のようにセルフメイドマンであって海千山千、かつていっぺん獄に入ったことのある人にとって獄中はなんでもないんですが、かつてのエリートが入ったときのこのものすごい崩れ方は、ちょっと目を当てられないというところです。

セルフメイドマンといえば何も笹川だけではありませんで、今一人の石原広一郎の日記が面白い。石原の日記の面白さはちょっと違っています。そこに分析があるのです。いちばんみっともないことをするのは学歴社会をきわめたエリートなんです。田舎から東京帝大に入って卒業して、位人臣《くらいじんしん》を極めたクラスです。軍人も同じです。これが悪い。逆にいちばん中で心豊かに過ごして、誰に対しても優しくて、ご飯でも何でも人に上げて、というのは実は旧殿様たち華族の人々なんです。彼等は育ちのよさが反映してかほんとうに人が好くて、みんなにいろいろなものを上げる。そして人間関係をやわらげるのです。

それからもう一つのタイプは二世。二世の軍人と二世の大臣。これがまたすごく評判がいい。人格者である。つまり彼らは争わないんですね。そして運命を甘受《かんじゅ》する。ところが郷里の栄光を一身に背負って出てきて、位人臣を極めた学歴エリートには余裕というか幅がない。したがって急速に落ちぶれるとあられもない行動を示すわけであります。ちょうどこの勉強をやっていた最中に厚生省や大蔵省のスキャンダルの問題が発生しました。その状況を見るにつけても、巣鴨の獄中世界で見られたエリートの実態とがダブり、やはり変わることのない同じようなメンタリティかしらと思ったのが印象的でありました。

さて勉強をしていますと、こういう面白い日記に出会うことがあります。のちに、『明治国家形成と地方経営』(東京大学出版会)というデビュー作にまとまる研究を始めた頃、明治維新の元勲たちの書簡とか日記とかメモとかの草書体の一次資料を一所懸命読んでいまして、そういうものの中に出てくる人間関係と権力関係を書くのが政治史だと思っていました。それをやっていて、それだけで心楽しい時代があったんです。そうしたらある時期に都立大日本政治史初代担当教授と言ってよい升味準之輔さんが「なぜ歴史が書けるか」というエセーを東京大学出版会のPR誌『UP』に連載しまして、そこで非常に面白いことを書きました。読んでみます。

「ともかく、歴史家は気楽である。彼は結末を知っている。それにつながるように因果系列を選び、その末端を結末に引っかけ、そして結末から振り返って可能性の波間を浮沈しながら決断し、策謀した人たちの無数の意図や予測や手段とその結末が織りなす因果連関の中に、『理性の奸智《かんち》』や『意図せざる結果』を見いだす。おまけに維新の元勲を旧知か友人の如く論評するから、まことにすごいものだ。それは確かにタイムトンネルのもっとも楽しい部分であるが、気楽なことも確かだ」

　私はこれを読んで、長大きわまる『日本政党史論』（東京大学出版会）を書いた升味さんが、てっきり自分のことを言っているんだと思って、酒席で「御自分のことをお書きになりましたね」と言ったら、「いやそうじゃない、おまえのことを書いたんだ」と言われました。そうです、私は維新の元勲を旧知か友人の如く論評していたんですね。そのことの意味というか、重さは、若かったからでしょう、そのときにはそんなに感じなかったんですね。でも、ボディブローのようにだんだん効いてきました。もちろんその後も、権力者のメモとか政治家の日記を読むのは嫌いではありませんが、どうもそれだけを読んでいても歴史は書けないな、政治史はそんなものではないな、ということでずいぶん悩みました。

悩んだ挙げ句に、私が出会っていちばん面白かったのが晶文社から出ている古川ロッパの日記でした。古川ロッパというのは、戦前榎本健一(エノケン)などと一緒に浅草でデビューして、戦中ずっと日劇(いまなくなりましたが)で演劇をやって、戦後の映画界でも活躍した大物芸能人ですが、その古川ロッパの日記はものすごく面白い。私はそのロッパの日記をどこかに使えないかといろいろ考えた挙げ句に、いま私の論文集『政策の総合と権力』(東京大学出版会)に入っている「国土計画と戦時戦後の社会」という論文を書くときに、国土計画を書いて他方で古川ロッパの日記を重ね合わせるというはなはだ乱暴なことをしました。公刊後、あまりに乱暴だったせいか、この論文についてはほとんど論評がでませんでした。ほかの論文には言及してくれるんですが、この論文についてはまったく触れない。唯一触れてくれたのは、コロンビア大学のキャロル・グラックさんだけでありまして、ボストンで会った時に、「あれはあなた、面白かった」と言ってくれたんですが、それ以外、ほとんど耳にしませんでした。

ところが最近になって、あの論文をけっこう話題にする人がいるんですね。編集者やジャーナリズムに身をおいている人で、「先生はロッパをおやりになったそうですね」と言う。「ロッパをやったわけじゃない、ロッパを使ってこの論文を書いたんだ」とそのたびに私は言うんですけれど、いやいや、とかいっていろいろ聞き出されることが多いわけで、それにしてもいったいなんであの論文を知っているんだろうと思ったわけです。この本はサントリー学芸賞を取りましたけれど、東京大学出版会の本ですから売れてはいません。なぜそれなのに人と会うたびに話題にされるのかなと不思議に思っておりましたところ、最近ハタッとわかりました。

実は私の論文についての論評がインターネットに載っているんです。偶然ですが家にパソコンが入ったときにガチャガチャやって「御厨貴」で引いてみたんです。そこにとあるホームページがあるんですね。それを作っている人が、毎日毎日自分の読んだ本について感想を書き付けていたんです。それを読んでみますと、私の論文がなるほど出ている。しかもこれがまたすごいんです。「これは戦時下から戦後にいたる国土総合開発法の成立過程に、『古川ロッパ日記』を重ね合わせた怪論文である」と評している。「快論文」ならいいんですが、「怪論文」なんです。何遍見てもこう書いてあるから、まちがいなく誤植ではないんですね。だから天下の怪論文ということで自分の論文が伝わっているということがわかって、愕然とした思いがあります。とにかく私がまったく知らないあいだに、ホームページに私の論文のことが出ている。インターネットの世界というのは本当に怖いものであるということをつくづく感じた次第です。

情報メディアで見る十九世紀末

いまインターネットと申しましたが、通信手段がこういうふうに変わってくると、どのようにわれわれは対応していいかわからない。インターネットの世界の怖さはまさにそれなんですね。最近よく出ていますが、十九世紀の末に二十世紀に何が発明されるかという未来予測をすることがはやって、通信手段に関しては、無線電話とか電信、それにテレビ電話とまでは行かないんですが、写真電話というものが必ずできるというように、かなりの発展をみこんでいるのが、十九世紀末の段階での日本人の予想なんです。実は情報の伝達がハード・ソフトの両面でどう変わってきたのかというのはかなり大きな問題で、それ自身、二十世紀の政治社会史をやっていく上では面白い問題だと思うんですが、ただ、十九世紀末あるいは二十世紀初めの時期に、どういう情報伝達メディアがあったのかということを最後にお話ししたいと思います。それが、最近私が研究している課題でもあります。

十九世紀末の最大の出版物は、さきほど『少年世界』といいましたが、この『少年世界』を出している博文館の出版物です。この博文館は、いまは博文館新社といって、日記帳を出しています。日記は、十九世紀の末に博文館が最初に出して流行るんですが、そのことは別として、とにかくこの博文館が情報メディア産業として、十九世紀の終わりから、二十世紀の初めに果たした役割はものすごく大きい。特に博文館が出した雑誌『太陽』。いまでも平凡社から『太陽』という雑誌が出ていますが、あれとは全然違います。この雑誌『太陽』が持っている意味が私は非常に大きかったのではないかと思います。

これは日清戦争後の明治二十八年に創刊された情報総合雑誌です。実は『太陽』というものを分析していくと、だいたい本文だけで二段組で二三〇ページを超えるボリュームを持っていて、一カ月にこの一冊さえ読めば、およそ日本と世界に関する森羅万象についてわかる仕組みになっています。時によって判型も膨らんだり大きくしたり、いまのようにふつうの版形に戻したりということをするわけですが、だいたい四六判の体裁で二百何ページです。博文館の真骨頂は、そこに最初にまず論文論説の類が載る。それから中間読み物が来て、最後に小説が来て、人事百般の記録が来るという順番にあります。しかも最初に世界の状況が載るんです。世界の状況がしかも英語で載るんです。これは当時のハイカラさんたちの心をそそるわけですね。

その頃、博文館の『太陽』はだいたい五、六万出たと言いますから、いまで言うと百万部ぐらい出ていた勘定になります。したがって『太陽』は地方に行けば名望家、中央でもそれなりの人がみんな買って読む、一家に一冊という感じです。一家に一冊百科全書という感じですが、そういう感じでみんなこれをとる。まずはこれを大家族の中の家長が読んで、次にみんなで回し読みをする。家長は時々周りの人を呼んでは、いま世の中はこうなっているのだということを『太陽』を見て知って、それをしゃべる。その『太陽』は捨てられないで、その家にずっと保存される。だから富山の薬みたいなものでありまして、一カ月にいっぺん新しい知識がボーンと投げかけられるわけですね。そういう仕組みになっていたのではないか。

だから有名人が出ると必ずそれに載るんです。写真の図版も毎号出ています。しかしこの図版の意味がよくわからない。えらい旧殿様が出たり、明治天皇が出たりもするんですが、突然、西洋の偉人といってマキャベリが出たりするんです。なんでマキャベリが出てくるんだろうと思うんですが、マキャベリの次に今度は昔首を切られた王様が出ていて、これもえらい人のわけです。どういう具合になっているのかわかりませんが、とにかく西洋の知識も日本の知識も全部一緒にこの一冊にコンパクトにまとめようという努力をしたことはわかります。

十九世紀を語るときに、西洋史というカテゴリーが出てくる。西洋史の中に東洋史を入れて、東洋史の中に日本史を入れてというスタイルにものすごく苦労するんです。それを『太陽』という雑誌はとにかくやろうとする。そこにポイントがあります。これは空間と時間をあわせた世界認識のあり方を示すものですから。でも今となってみるとこういう雑誌はたぶんあまり人気がないんです。研究者には人気がない。なぜかというと、主義主張がない。『改造』や『中央公論』という雑誌には主義主張がありますから、主義主張を追っていけばそれだけで研究になりますね。だから読みます。

これに対して『太陽』は総合情報誌で、一家に一冊ある百科全書ですから、人気がなくて研究がないんです。だいたい雑誌研究を見ていると、『太陽』はさておいてということになって、その他の雑誌にみんな行くんですが、これは面白いですよ、読んでみるとほんとうに。情報を統合して集めようという努力がありますから。実業界の情報も人事情報も全部それで一本化して伝えようという意図がある。いかに面白いかという話を、いろいろやりたいんですが、時間がないので申しません。私が中央公論新社の「日本の近代」シリーズの第三巻として執筆した『明治国家の完成』をごらんいただければと思います。

ただ『太陽』についてもうひとつ言っておきたいのは、この本が最初にあれこれと写真を載せていると申しましたが、十九世紀末のあるイベントについての写真を載せて、その写真と組み合わせる形で記事を載せるということを始めます。それはどういうことかというと、写真というのは、ものを非常に正しく映す。言葉で意をつくせないことも写真でなら一目瞭然ということで、今日のビジュアル雑誌の走りになります。情報を写真で伝えたい。日清戦争、日露戦争でももちろん戦争写真が生き生きと使われたということはありますが、一般的にも写真を使うということが流行ってくる。百聞は一見にしかずといいますが、映像の世界というのはそういうことになるわけです。

映像メディアの発展

そこで映像メディアの世界というのはこれからどういう展開になるのかということを、大急ぎで申し上げねばなりません。写真雑誌ももちろんありますが、いまやメディアはほとんど動くものである。だから映像というんですね。私は今年前半期の授業でNHKスペシャル（Nスペ）を使いました。『戦後50年、そのとき日本は』を使って講義をしたわけです。これを使っていて非常に面白かったのは、NHKの二重方式、メディアミックスの部分なんです。映像で歴史を語って、なおかつ映像をそのまま本にするんです。この本になった部分と、映像の部分が、実はものすごく違うんです。これは、学生諸君と一緒に授業をやって気がつきました。確かにメディアミックスなんですが、役割分担がある。NHKはうまいなと思ったんですが、映像では危ないものはほとんど切ります。インタビューした部分で重要な内容であるにもかかわらず映像では落ちている箇所が本の方には、載るんです。だから本の方をみないと、ほんとうのことはわからない。でもそういう論評は一切出ません。なぜ出ないか。それは映像をみてさらに本を読むなんていう暇な人はいませんから、わからない。だから映像メディアに関していえば、そういう点では野放しという状況にならざるをえません。

最近は、ビデオで映画が簡単に見られるようになりましたから、雑誌メディアにもビデオコーナーがけっこう設けられ、もう一度昔の映画を見たらこうだったという論評は多いんですが、ドキュメンタリーに関してはそれがない。たとえば、先ほどのNスペのシリーズの一つに『列島改造、田中角栄の挑戦と挫折』というビデオと本がありますが、これは実は映像もテレビで実際に放映した時と一般にビデオで売り出されたときのバージョンとが違うんですね。私が最初にテレビから直接ビデオにとったものには、田中真紀子のインタビューが入っていたんです。田中真紀子が自分の父親について語るという部分が入っていたんですが、実際に売り出されたビデオにはそれがすっぽり抜けている。しかしビデオ版を見ると放映したときの映像と同じように書いてある。嘘です。田中真紀子がいないんですから。真紀子がきっといやだと言ったんですね。私のは外せといったので外したんでしょう。それが書いてない。

さらに、内容的に言っても列島改造をなぜ進めていったのかという主張が、ビデオ映像の中では次から次へと出てくる。ところが本の方を読んでみると、列島改造を進める動きと止める動きが両方あったことがわかるんです。言い換えれば、止める動きと進める動きのせめぎ合いがあったんだという複線的な話が出てくるけれど、映像にはまったく出てこないんです。以下は私の推測です。おそらく映像では、進める動きと止める動きの双方を取り上げたら訴求力が弱まり、絵にならないのでしょう。だから映像では、止める動きを全部カットした。その代わり本にはすべてをもりこんだのではないでしょうか。

だからドキュメンタリーの映像を見るときに、いまよくメディアリテラシーという言葉が使われますが、よっぽど気をつけてみないと危ないのです。ニュースでも何でもそうですが、ドキュメンタリービデオの批評コーナーを新たに雑誌メディアに設ける必要がありますね。さらに私は映像アーカイブというものをいずれきちんと作っていかなければいけないと思います。ともかく映像メディアは二十一世紀の時点で過去の歴史をふり返ったときには、これを抜きには語れない。今後はそれを頭にいれて仕事をやっていかなくてはいけないだろうと思います。

いま私は、幾つか先の仕事のひとつとして、日本政治史のテキストブックを作りたいと思っています。これを私はいわゆるビジュアルものを入れてやってみたい。ビジュアルと言葉とがほぼ等しいぐらいの形で戦後日本史を作ってみたいという希望を持っています。できるといいですね。

さて、私はこの最終講義のテーマを「日本政治史よ、何処へ行く」と名づけましたが、これは実は馬場恒吾のもじりなんです。馬場は五・一五事件が起きて、日本がファッショ化の危機に立ったときに「日本よ、何処へ行く」という警世的エセーを書きました。それをもじって、「日本政治史よ、何処へ行く」とつけたんですね。あの時代は一つの危機の時代だったろうと思いますが、さあ、二十一世紀にかけて、どういう具合に今後の日本政治が展開していくのか。いずれにせよ歴史的視野を欠くことはできないでしょう。

私もこれから新しい職場でいろいろと面白い試みをやっていきます。それを、もはやこの都立大学でみなさんにご紹介することはできませんが、いろいろな媒体を通じて、私が何か新しいことをやっているのを見たら、今後とも応援していただきたいと思います。ついつい欲張って本当に「日本政治史よ、何処へ行く」とみなさんに言われそうなお話になってしまいましたが、「卒業論文」

としての出来はいかがなものでしょう。以上をもって、私の最終講義にさせていただきます。どうもご清聴ありがとうございました。

（収録一九九九年一月二十八日四限　東京都立大学教養棟一二〇番教室にて）

2 表現としての政治史——オーラル・ヒストリーをめぐって

× 新保祐司——しんぽ・ゆうじ／文芸批評家・都留文科大学教授。一九五三年宮城県生まれ。東京大学文学部仏文科卒業。『内村鑑三』『文藝評論』『日本思想史骨』『正統の垂直線』『信時潔』(いずれも構想社)、『島木健作』(リブロポート)、『フリードリヒ 崇高のアリア』(角川学芸出版)など著書多数。

× 西部邁——にしべ・すすむ／評論家。一九三九年北海道生まれ。東京大学大学院経済学研究科理論経済学専攻修士課程修了。横浜国立大学経済学部助教授、東京大学教養学部助教授、同教授を経て、鈴鹿国際大学客員教授、秀明大学教授・学頭を歴任。『ソシオ・エコノミックス』(中央公論社)、『蜃気楼の中へ』『経済倫理学序説』(ともに中公文庫)、『生まじめな戯れ』(ちくま文庫)はじめ著書多数。

新保✣本日の座談会は、テーマを「表現としての政治史」としました。御厨さんが今年(二〇〇五年)の三月に『聞き書 宮澤喜一回顧録』(岩波書店)という本を出されました。これは年来提唱されている「オーラル・ヒストリー」の実践ですね。それをめぐって政治史というものは如何に表現されるべきか、「表現」というものに焦点を当てていきたい。宮澤さんはこの本でおのずから戦後六十年を語っておられますので、戦後六十年史——戦後六十年とは何であったのかということにも話が拡がっていけばよいかなと思っております。

まず御厨さん、オーラル・ヒストリーについて話していただけますか。

オーラル・ヒストリー前史

御厨✣オーラル・ヒストリーと言うと凄くハイカラに聞こえるんですけれども、日本で昔からやっていた「聞き書」というのが基本にあります。政治家とか行政官とか、ある権力の座に就いた人についての聞き書みたいなものは帝国議会五十年史の編纂の時代からありますし、戦後で言えば岡義武先生が中心になって軍人を、あるいは辻清明先生が中心になって官選の知事たちを対象にやっています。その系統を踏んで僕らが始めたのがちょうど十年前、九五年からになります。

それ以前の人たちとそれ以後の我々がやったのとで一つ大きな違いがあるとすれば、岡さんや辻さんがやった軍人や内務官僚というのは、戦前は非常に華やかだったんだけど昭和二十年に挫折してしまった人たちなんですね。しかも彼らは昭和二十年代には非常に悪者扱いされましたから、その期間ずっと、話をすることをためらってきた。ようやく二十年経って話をすることができるようになった頃、昭和三十年代から覚え書・聞き書をする活動が始まって、四十年代にかけてかなり花開いた。

そういう挫折を経て、やっと喋り始めた人たちの聞き書にはそれなりに意味があったわけですけれど、それが続いていかなかったのは、恐らくあとで話題になる戦後六十年史と関係するところだと思います。戦後は結局、切れ目がない。昭和二十年の挫折というような体験がないものだから、特に高度成長期の官僚・政治家というのは自民党の一党優位政治のもとで変わることがない。また彼らは軍人や内務官僚とは違って、自分から、自分がやってきたことについて話す切っ掛けなり契機がないんですね。

我々も一九八〇年代の終わりから、話をしてくれませんかとずいぶん言いに行ったんですけれど、その頃、高度成長期をまさに支えてきた高級官僚たちはけんもほろろだった。彼らは、もちろん自分たちがその時代を支えてきたという自負はあるけれども、それは集団として支えてきたのであって、しかも匿名性の上に乗っているのであって、それを喋ることは自分たちの職務倫理に反するという気持ちが強かったようですね。「なんでそんなことをしなくちゃいけないのか」という反応でした。

それが十年前にどうしてできるようになったかと言いますと、九三年、自民党の一党優位政権が崩壊します。それがかなりボディブローとして効いてきたということがある。官僚にしても政治家にしても、ゆりかごから墓場まで、つまり自民党の一党優位体制のなかに入れば権力の座を退いても最後まで面倒を見てもらえて、そのなかで死んでいくというストーリーが書けた。それがどうもあのとき……まあ細川政権というのはうたかたの夢でしたけれど、ただ、うたかたの夢にしても、自民党がいったん政権を退いたことで多少とも意識が変わったんですね。

ちょうどその頃から経済のほうも怪しげになってきましたから、彼らの頭のなかにも、このまま喋らないでいていいのかしら、少し自分を客観化して話しておかないと自分たちの役割がいずれ問われるときがくるな、という葛藤が生まれたんだと思うんです。いわばそれまでは歴史としては考えていなかった自分を、少し歴史化して考えるようになったということですね。

西部✣祇園精舎《ぎおんしょうじゃ》の鐘の音を聞いちゃったんだね。

御厨✣さはさりながら、じゃあどこから始めるか、いろいろ考えたんですけれど、やっぱり内務官僚の生き残りからということで、後藤田正晴さん、それから東京都知事だった鈴木俊一さん、そしていろんな発言で有名だった奥野誠亮《せいすけ》さん、この三人をやろうということになりました。

それぞれ面白かったんですが、三人ともが非常に長生きした元内務官僚ですから、お互いのバランスを意識しているのがよく分かりましたね。後藤田さんに聞くと「奥野誠亮はどうしてあんなに右になったものか」と言い、奥野さんに聞くと「後藤田は朝日に騙《だま》されて左になった」と言う。いちばんおかしかったのが鈴木さんで、「俺がいちばん中庸だ」と。「ピンクになったのと右翼になったのといるが、内務官僚ってのは昔から地方官僚が中心なんだ。地方官僚というのは要するに牧民官であって、イデオロギーによって左右されてはいけないのだ」と言っていたのを思い出します（笑）。

今では僕らのオーラル・ヒストリーもわりと知られてきたので説明に行けばすぐ分かってもらえるんですけれど、最初はそうはいかなくて、後藤田さんはその典型でした。会ったときにまず、なぜそんなことをするのかと散々聞く。「君たちの役に立つということは分かった。しかし自分の過去を語らなければいけないほど嫌なものはない。そういう苦痛をしてまで自分に得があるとは思えん」と。それで、「いや、まあそうかもしれないけど、とにかく付き合ってください」とお願いして付き合っていただいた。

ところが面白いことに、彼の場合は僕らの今までのオーラルのなかでもいちばん長いほう、一回二時間で二十七回、六十時間ちかくやったんですが、そうすると最初のうちは「これは絶対に出さない」とか「永久の秘密だ」とかいうことを言っていた人が、あるときから段々と積極的になるんです。語ることに積極的になり、そして家族の応援も得て、最後、後藤田さんは前日に奥様に向かって予習で喋って、それを奥様が筆で要点をまとめて、そのまとめた要点を当日に持ってきて喋るという、もう病膏肓《やまいこうこう》に入るという状態で(笑)。

西部❖苦痛じゃなくて、あんがい快楽だということが本人に分かったわけね。

御厨❖その後いろんな方をやってこの宮澤さんまで辿《たど》り着くわけですけれど、後藤田さんとの経験はずいぶん勉強になりました。彼は非常に厳しい人で、我々は十日前までに質問表を出すことになっていたんですが、それを一日でも遅れると、お前たちの要請でやってるのに遅れるとは何事か、とエラく怒られまして、一回キャンセルされたこともあります。

オーラルがヒストリーになるまで

新保❖宮澤さんはいかがでしたか。

御厨❖最初は、やんなくちゃいけないなぁとは思いながらすごく憂鬱で。というのも、彼が喋っているいろんなものを読んでましたから、なかなか素直に喋ってはくれないだろうし、喋ること自体について躊躇《ちゆうちよ》するだろうし、難しいなと思ってたんですね。でも、たまたま機会を得て話をしに行ったら、嫌々だけれども、というポーズのなかで、応じてもいいだろうということになった。

彼とは全部で十回くらいやりましたでしょうか。この聞き書をお読みいただいても分かるんですけれども、彼にとって人生の華であった前半期については、非常に詳細に喋っていただいたんですよ。けれども後半生、つまりいろんな役職をおやりになるような時期については、あまり進んで喋るという感じではなかったですね。私もずいぶんいろんなことを言ったし、いろんなものを持っていったんですけれども、「その時期にかんしては喋ることはまったくない」とか、あるいは「今でも忸怩《じくじ》たる思いがしていてとても……」という調子だったんです。

ですから非常に微に入り細を穿《うが》って話していただいた華々しい前半生と、とびとびに、それでも彼が喋んなくちゃいけないという形で喋った後半生とで、ものすごくバランスを欠いたものになりまして、書評でも、回顧録だのオーラル・ヒストリーだの言っても前半生のことしか書いてないじゃないか、後半についてちゃんと聞かなかったのは御厨たちの怠慢である、とずいぶん書かれた。

確かに怠慢かもしれないけれど、ただ私はこれでいいかなと思った。宮澤さんが「今の時点ではここまでは喋れる。ここから後は喋れない」という線引きをしたということは、失礼な言い方になるかもしれませんが、未だに自分の人生を考えておられるからだろうと思うんです。今後こういうものを出されることはもうないかも分からないし、もちろんこれに宮澤さんのすべてが語られているわけではないけれども、少なくとも読み手としては、この聞き書から彼の生き方なり彼の考えを読みとることができるだろうと。それでこの本を出すことにしたんです。

西部✣僕はこれを読ませていただいて、御厨さんにたいする書評子たちとは逆の印象を持ったんですね。

先ほど、戦後の権力の政治史のなかには切れ目がなかったとおっしゃった。細川政権が十カ月でみずから放り出されるまではね。御厨さんが同意なさるかどうかはともかく、そのことを僕流に言えば、たしかに戦後には出来事として切れ目がない。もちろん実際にはいろんなことがあったんでしょう。サンフランシスコ講和条約、安保闘争、あるいは沖縄返還、それからバブルがあったりね。でも、整理の構え方として、何よりGHQに敷かれた戦後的な路線があって、みんながそれをよしとした。もしくは、それが我々の進むしかないコースなんだからやむを得ない、という共有の通念みたいなものが権力に至るまであった。だから、実際にはその通念が一度も揺らぐことがなかったという意味においてに非常に切れ目なしに続いた。

そうならば宮澤さんにしても、政治的な立場に立たれてから、実際にはいろんな出来事があったけれども、精神の問題としてみると、「こんな考えでいいのか」とか「何とか新しい考えを持ち込まねば」というふうなドラマは、細川政権までの戦後五十年間、善かれ悪しかれあまりなかった。そういう意味において、さほどドラマチックに語るものがない、あるいは敢えて語ってしまえば何か自分を裏切るような気がする、ということだったんじゃないか。

それにたいして少年・青年時代は戦前・戦中ですね。一人で広島から東京に下宿して遠い小学校に通学させられている。それに疲れ果てていて友だちがいない。そして戦争の足音が高まってくる……。そういう少年期から青年期にかけてのほうが、おっしゃった言葉でいうと「切れ目」、つまりドラマの起承転結が感じられたということがこの本に素直に出てるのかな、という印象を持ったんです。

御厨✣たぶん宮澤さんはそういうお気持ちだったろうなという気は僕もするんです。ですから幼い時代のことはかなり詳細にお話しになりました。

西部✣本当に面白かったねぇ。どこか孤独で控えめな、しかし心の中で、悪く言えば居直り、よく言えば覚悟のようなものを決めなければ日々を送れない、そういう姿を彷彿《ほうふつ》させる感じがある。

御厨✣一人でやられたということを強調しているのは八四年にホテルで暴漢に襲われた場面にしてもそうですね。「とにかくここは絶対、喋ります」と強者を相手に格闘したことを細かく喋っている。あれは彼にとって自分の実存をかけた戦いだったと思うんです。

西部✤僕はオーラル・ヒストリーというジャンルのことを何も知らないんだけど、オーラルは口述、口頭で表現するという意味でしょう。それが歴史《ヒストリー》＝物語《ストーリー》として成立するには、一つは「出来事」、もう一つが「人生」ですよね。人生という長い時間をとったときに、外面から見たら平凡な人生の流れに見えていても、当事者にとってはなんてったって七十年、八十年生きているなかにはいろんな切れ目があるわけですね。それをじっくり喋ってもらうことで、個人の人生というだけじゃなくて、時代なら時代、環境なら環境が投影されてくる。それを表現するにはオーラル・ヒストリーでなければ、とまでは言わないにしても、オーラル・ヒストリー的なやり方がかなり有効でしょうね。

インタラクションでの記憶の再生

新保✤喋った方々は、テープ起こしの原稿にかなり手を入れるものですか。

御厨✤不思議なことに、宮澤さんに限らず大概の場合はあまり手は入りません。入る部分は人の悪口の部分です。

西部・新保✤（笑）

御厨✤やっぱり口述の特徴として、あいつはバカだった、みたいなことをつい喋るものなんですね。それでもいいやというふうに言う人もいますし、やっぱり品がないから直したい、と削ることもあります。けれど、自分がやった行為について、今はちょっとマズイからといって削るということはまずない。これはやっぱり人間の性《さが》というか(笑)、いったん口から出ると客体化されますから、それを消すというのは、消すほうにもなんとなく心理的抵抗が生じるんじゃないかと思うんですよ。いったん口から出てしまった言葉については責任を持たなくちゃいけないと思うようですね。

西部✣新保さんは文芸批評家という肩書きになるんでしょうけれど、ものすごく大まかに分けて文学方面の人というのは、インタビュアーとか自分が喋ってしまったいろんな人たちとの関係性を軽くみるところがあるんですね、オーラル・トラディションとして(笑)。文学方面の人たちはアロガント(傲慢)なところがありますから、もっと言うと主観のなかでしか生きてないという勝手なところがあって(笑)、現場ではほとんど何も喋らずに、紙の上で山ほど意見を書き加えてきたり、相手を罵倒したりするなんてことが比較的、多いんですよ。その点、政治家やお役人は権力というのが人間の関係性だということを知っているから、オーラルな記述についてもある程度は責任を持とうとする。

新保✣政治家の発言は何十年後かに政治史家に引用される可能性があるわけでしょう。ですから歴史に残るという意味で、語尾なんかも含めてデリケートに表現性を高めておこうという人もいるのかなと思ったわけですよ。五十年後、百年後に自分の言葉が引用されるであろう、くらいの歴史観を持って喋っているんだろうな、と。

御厨✣そういう意識の方もおられるでしょうし、自分が生きてきた道が見えないので自分のためにも語っておきたいというタイプの人もいますね。

文芸もそうなのかも知れませんが、政治や行政の業界でも、評論家になった方は、本をたくさん出したり、講演を何度もするうちに記憶が固まっちゃって、十八番《おはこ》みたいなものをいっぱい持ってるんですね。それを崩さないと我々のオーラルは成り立たない。つまり聞いた意味がないわけです。むこうにしてみれば、美しい話を語ってるのに、どうしてお前たちは邪悪な意図を持って話の裏を探ろうとするのか、と相手を怒らせることになる。それについてはずいぶん僕らも苦労しました。

新保✣その「壊す」というのは非常に核心的な話だと思うんです。このあいだ大佛《おさらぎ》次郎研究会で御厨さんに講演していただいていちばん印象に残ったのは、大佛が一九三〇年代に書いた『ブウランジェ将軍の悲劇』（創元文庫）のことなんですね。あれが軍部批判だという評価を周りからされているうちに、のちのち本人も、あれは軍部を批判するために書いたんだ、と類型化したことを言い出してしまう。そういう危険があるんだということをお話しになって、とても興味深かった。

オーラル・ヒストリーになると、そういう意味で「記憶」という問題がありますよね。記憶というのは類型化することがある、あるいはおのずから詐術がある。いま、壊すとおっしゃったのと関係すると思うんですけど、そこからどういうふうにしてあるがままの真実を引き出すかというところにいちばん苦労されていると思うんですが。

御厨✣それはよく言われるんですが、仮に「歴史の真実」というものがあるとしたら、このオーラル・ヒストリーによってそこにどれだけ迫れるかについては限界があるということは我々も諒解していています。そのなかで少しでも、記憶の、それこそ類型化されていない部分を掘り出したいなとはいつも思ってます。

一つ実例でお答えすると、松野頼三さんという政治家がいます。これは伊藤隆さんが中心になってオーラルをやりました。後で松野さんの感想を聞いて非常に面白かったのは、「自分は今までどんな場合でも、自分の意志で、自分が語りたい部分を、自分が語りたいように語ってきた。それがオーラルで初めて受け身になった」と。要するに、聞かれたことにかんして自分の記憶を繰り出して喋ってみたら、おのずと自分が書いてきたものとは違うものになったと言うんです。「違う部分に関しては俺には責任はない。それは聞いたほうの責任だよ」と混ぜっ返して笑ってました(笑)。

これはけっこう大事な話で、宮澤さんの本では聞き手の側も名前をはっきり出してますが、聞き手が多数いてもぜんぶ同じ棒線で始めて、話し手の名前だけが出てくるというやり方もある。僕らがそのやり方を採らなかったのは、オーラル・ヒストリーを実際にやっている「場」というものを大事にしてのことなんですね。その「場」で行われる記憶の再生というのは決して一方的ではなくて、こちら側から積極的な働きかけがある。逆に言うと、怒らせもし、泣かせもし、いろいろするんですが、それをしながらのインタラクション（相互作用）だと捉えないと、オーラル・ヒストリーというのは最終的には定義できない。ですからこちらとしては、まさに働きかけることによって、相手の眠っている記憶をよみがえらせなくちゃいけない。

人生の春夏秋冬を共有する

西部❖松野さんは、これまで自分の言いたいことを言ってきた、とおっしゃった。しかし考えてみるに、松野さんに限らず政治家に質問するのは、新聞社や雑誌社の記者・ジャーナリストだったりするわけです。要するに、質問する側がすでに類型化されていることが多いんですね。たとえば、権力闘争なら敵対党派の親分をどう思うかとか、金の流れについてはどうなんだとか、ある目論見を持って聞くことが普通のインタビューには多い。僕は松野さんにお会いしたことはないけれど、たぶんものすごい度胸のある、ある意味じゃ物事の裏表に通じてる方ですから、「実はそれはな」と言って、自分としては裏表を喋ったつもりになるかもしれない。けれども、もともとの質問じたいが権力や金というふうに類型化されているんだと思う。

それにたいして何十時間のインタビューとなると、質問する側も単純な類型化をしていたんでは一回か二回しか持たないわけで、松野さんにとってこれまでとは違ったタイプの質問が出てくる。やっぱり何十時間という時間の効果というものはあって、質問がいろいろなタイプに分かれてくると、おのずと人間なり時代なりの全体像が浮かんでくる。

だから、壊すという言い方もできるが、ひょっとしたら壊してるんじゃなくて、物事の全体的な輪郭が浮かんでくる可能性が高いというのがオーラル・ヒストリーの一つのミソかなと思ったんですけれどね。

御厨❖さらに言うと、政治家や官僚のいちばん得意とするところは、そう長くない時間の勝負、短時間の勝負なんですね。彼らはいくらでもネタを持ってますから、今日はこれでやってやろう、次回はこれでやってやろうと。ところが我々はそんなに急ぎませんから、だいたい一回二時間を月一回で年に十二回ということが多い。これが良いのは、日本って本当に春夏秋冬ありますでしょう。春、桜の頃から始めると、季節がいいんですよ(笑)。最初に僕らが聞くのは、その方のライフ・ヒストリーです。どこで生まれてどういうふうに育って、友だちは誰で、学校はどこで、と。これはよっぽど学校時代に嫌な目に遭った人以外は、わりと素直に自分の過去を楽しく語れる部分で、そういうことに関してはこちらも口を挟めないわけですね。だって彼の主観の世界ですから。

西部❖しかも窓を見れば桜も咲いてるし、なかなかいい気分で(笑)。

御厨❖緑も深くなった五月頃には若きキャリアの時代、夏休みの頃には外も暑いですけれど、局長やったり課長やったりして人生のなかでもいちばん苦労した話。秋風が吹いてくるとそろそろ人生のほうも黄昏になってきて、木枯らしの頃には、彼らも第一線を退いた後になるわけですね。そういう春夏秋冬を僕らが一緒に経験することによって、喋る雰囲気、場を共有したいと思っているんです。しかも日本にはいろんな季語がありますから、今日は暑いですねとか、秋になって急に淋しくなってきましたねとか、そんなことを言いながら毎回の話が始まる。で、彼もふと過去の世界に素直に立ち戻ることができる。

これも共通することなんですけれど、ある一定のペースで喋っているんですが、人生の黄昏から冬の時代になってくるところで、急に彼らの話のテンポが止まるんです。で、長くなる（笑）。その二時間なりを四月からずっとやってくると、それが話し手にとっても人生のテンポになって、皆さん、やがて終わるのが惜しいと言うんですよ。ただ我々としては、今の日常生活はこんなものです、みたいなことを長々と展開されてもちょっと困るなというところもあるので、そのときには僕らも官僚的な攻め方をするんです、「これは予算進行上、一年度限りということになってますので三月には終わらせたい」と（笑）。

僕のこれまでの経験で言うと、一回二時間を十二カ月、二十四時間やると、ほぼ、全体像の輪郭くらいは分かる。完全に全体像が分かるとか中までいくということはありませんし、そこから後は、インタビューの記録が出たりして、もっとそこを攻めたい人がいたら個別にやっていただければいいと思うんです。

語り手、聞き手、そして読み手

新保❖宮澤さんの本のあとがきにも「クリティーク（史料批判）」という言葉が出てきますが、聞き書している何十時間そのもの、それから質問表、あるいはやりとりのなかに、すでにクリティークはあるわけですね。「クリティークする立場から」すると、宮澤さんの証言には「歴史の現場に立ち会ったものだけにしかわからないコクのあるもの言いがあるのだ」と簡単に書かれてますけれど（笑）、僕は実はコクのあるもの言いを感じられなかったんですね。聞き書というのはすでにこれで大きな仕事なんだけれど、歴史を書く、歴史を表現するという次のステップになるときには、この仕事をクリティークするもう一冊がいるように思うんですよ。

御厨❖おっしゃる通りで、我々もそれをやろうとしているところです。我々が関与した・しないにかかわらず、こうやって出来上がっていった多くのテキストについて、テキストに沿った批判をやって、それを活字化していく必要がある。それで今年からテキスト・クリティークのための作業を始めるつもりなんです。

西部❖宮澤さんは状況に抗《あらが》うことはしない。それは少年時代から現れていて、心のなかで抗いはあるんだけれども、それを直接的に表に出すことはしない。結果として言うと多くの場合、状況にのめり込みはしないが、状況のそばに自分を置いておく。そういう意味で戦後の自民党政治においてのやり方も一貫してたんですが、それはともかく、普通の大和男子《おのこ》的見地からすると、ただの状況適応主義者じゃないか、もっと言えばオポチュニスト（日和見主義者）じゃないかっていう否定語・非難語を吐きたくもなる。でも、これだけ分量があると逆のコクも出てくるんですね。物心ついたときから大きくは逆らわず流れには乗るけれど、すっかり有頂天になって乗ってるわけでもない、その感じがずっと続いている。

御厨✣非常に印象的だったのは、後藤田さんは文字に残されたものは信用しないと言うんですね。たとえば中曽根さんが日記の一部を公開していたのでそれを持っていって「後藤田さん、中曽根さんの日記にはこう書いてありますよ」と彼に見せたら、

「そんなものはひと言でいって、偽書だ」

「偽書!?　だって中曽根さんが書いたものですよ」

「君は中曽根のことを知らんのだ。彼ぐらいの男であればおそらく、同じことに関して違った日記を三種類くらい書いてもおかしくはない」

「そんなことはないでしょう」

「君らは中国における偽書の歴史を知らんな。東アジアの偽書の歴史を日本も引いてるんだから、書いてあるものはとにかく信用できない」

と(笑)、明治時代の伊藤博文のものから何から、すべて偽書に違いないと言い出すんです。

ふつう書かれたものには真実が宿っていて、喋る分にはいろいろ言えるから信憑性がないとされていますでしょう。それをまったく逆にして、最後には喋ることのほうに信頼性をおいたのはすごく意外で面白かった。また「長年警察にいてそう思う」とも言ってまして、警察の調書は喋られたものでできるわけですから、たとえ自己欺瞞《ぎまん》であってもそういうふうに言わないといけない。ですから、自分なりのものを喋っておいたほうがいいという逆転の発想でよく喋ってくれたんです。

新保✣語り手の語る力という観点もありますよね。御厨さんが愛読されている大佛次郎の『天皇の世紀』(現在は文春文庫)では、たとえば長岡の宿屋兼料亭の女将《おかみ》が出てきて、河井継之助《つぐのすけ》がどういう人物であったかを実に見事に語る。これも聞き書ですけれど、たかが女将にそういう能力があった。オーラル・ヒストリーの話し手の人たちはエリートで、女将さんはエリートでも何でもないわけだけど、僕は何となく、前近代の人のほうが経験を語る力があって、最近の人にはそれほどないんじゃないかという気がしているんです。

御厨✣語る力というのは人によってものすごく差がある。政治家でもその力がものすごくある人とそうじゃない人とがいます。それでもオーラル・ヒストリーという形でみんなが等し並みに語れるようになるのはなぜか。官僚さんにしても政治家にしても、特に会話がそうですが、今まで十分に語る能力を開発してきてないんですね。日本の社会のなかではぜんぶを喋らないというのが前提ですから、喋らないまま死んでいった。ところが人生が長くなって、第一線を退いてからの第二の人生ができた。そこで何をやるかというときにそれまでの人生の回顧を始めてしまうと(笑)、ある程度の力が付いてくる。

新保さんが言われた長岡の女将なんてのは、生得的にその力を持ってるんですよ。そういう人の語る力の強さは圧倒的だと思う。でもそれは、たとえば河井継之助の死という一回的な経験なんです。官僚さんの場合は平凡ながらいくつも経験があってそれを語っていく。これはたぶん獲得された、二次的な力です。だからちょっとガスってるし、ちょっと弱いかもしれないけど、やれるんですよ。

西部✣僕は御厨さんが言った意味がわかるんですよ。話を遠回りさせると、オーラル・ヒストリーという言葉で思い出すのは、イギリスのケンブリッジ辺りに「オーラル・トラディション」という言い方があるのね。伝統というより慣習でしょうけれど、彼らは喋り方で自分の誠実さを表現するために、簡単に言うと吃ってみせるんですね。ペラペラ喋ったんじゃ真実味が薄らぐ、と。ちょっとつっかえてみせて、それで自分の人格とか話の誠実さを醸し出そうとする。それは力というよりも、語り方なんです。

御厨✣数年前、アジアの人たちを呼んでのシンポジウムと、ヨーロッパの人たちのシンポジウムと二回やったんですが、面白かったのは、アジアにしてもヨーロッパにしても、子どもの教育でインタビューの練習、この人には何を聞いたらいいかというのをやるんですね。日本では、どうやってノートに書くかという練習ばっかりで聞き方の練習なんてしませんから、「僕らにはオーラルの伝統がなくて」と言うと、「どうしてだ、お前たちは小さいときにやらないのか。ホワイ?」と(笑)。

アジアで特に今オーラルが盛んなのはシンガポールと台湾です。台湾なんて蒋介石《しょうかいせき》が入ってきたときにそれこそ焚書坑儒《ふんしょこうじゅ》でほとんどの文献を焼いてしまったから、当時のことを言葉で喋らないと歴史が途切れてしまう。それでコロンビア大学のメソッドをそのまま持ってきて国家プロジェクトでやってるんです。内容が正しかろうが正しくなかろうがとにかくやるんだ、積み重ねていくしかない、と。シンガポールは、多民族だから自分の民族にかんして紙に書いたものは信用できない、将来的に自分たちの言葉で残しておかないとやられる可能性がある、と。彼らにとってはオーラルをやらないとレーゾンデートル(存在理由)に関わるようなところがある。

西部✣話し言葉と書き言葉を階層化してはいけないんでしょうけれど、僕は吃りを直すということが二十何歳まで課題だった。話し言葉でなんとかくぐり抜けられるなと思ってからやっと、ひょっとしたら俺も文章というものを書けるかなと思ったというような順序があった。ただ反対に、書き言葉で論理的に書いてみて、なるほど俺の頭のなかはこうなってるのかという安心を自分のなかに与え、論理が感情を誘発して感情的にも喋れるという場合もありますね……。ともかくいろんなことを考えさせられる分野だなぁ。オーラリズムという言葉はないんですか(笑)。

御厨❖残念ながらないでしょうね（笑）。

戦後六十年は屈辱か解放か

新保❖ツヴァイクの『歴史の決定的瞬間』（白水社）は、歴史というのはいつも歴史としてあるわけじゃなくて、出来事という決定的な瞬間があるから歴史になる、という。そういう意味で僕は、宮澤さんのあの淡々とした語りをみると、戦後六十年にはどうもツヴァイク的な出来事はなかったんだろうという悲しい結論に達してしまったんですよ。

西部❖僕も第一次的にはそれが戦後だって気がするね。ただ第二次的にいえば、「平板なように見えるけどな、実はこういう決定的に近い局面ってのがあったんだぜ」ということを、もうちょっと言ってほしかったなという気はするな。せっかく作られた本にケチをつけるようで悪いんだけど。

新保❖「毎日毎日占領者から命令を受けるという屈辱を味わった」とありますね。でも、GHQが比較的上手な占領をやったために、占領が非常に屈辱だというふうには当時ですら国民が思っていなかったことをこのごろ発見した、と。このあたりに、負の意味ですけれども、強烈な経験があったのかなという気はするんですけれどね。

西部❖もっと言うと、この宮澤というのはなかなかの人だという最大の証拠が、要するに占領されることは屈辱的なことなんだ、という今おっしゃったその一行があるおかげですね（笑）。この一行によって宮澤さんは自分自身が救済されているという気がしましたね、僕の基準から言えば。

御厨✤僕らもずっと話を聞いていて、あの部分は「ほう！」と思って聞きました。絶対にこれは削られちゃ困るなと思って、事実、削られなかった。あの時期、彼は大蔵省の通訳的な仕事で毎日GHQに出入りしていたわけですが、実は、その日々の体験を次に語りましょうと言っていた。ところが次の回に行ってみたら、やはり語りたくない、ということだったんです。その気持ちがこの一行に出てる。「お若い人には分からないだろう」という言い方を盛んにしてましたね。宮澤さんはみんなから親米派だと言われるけれど、平べったい親米派ではなくて、いやな思いもしてアンチの部分もあるけれども、アンチの部分を繰り込んだ親米だという意識があるんでしょう。それを呟いているというか。

西部✤どうして政治家はこう言わないのかな、「とにかく屈辱だったね。ただ具体的に何がと聞かれたら瑣末《さまつ》なことかもしれないんだ。くわえ煙草で生意気なことを言った若い兵士から、あの一瞬すごく屈辱を味わったとか、その程度の話しかない。でもそれも重なれば、日本民族の悲嘆というものを感じさせられてイヤな感じだったんだよ」とか。これは会社の社長さん会長さんでもそうで、あんがい紋切り型に「それは言えない」でお終《しま》いになっちゃう。権力の悲劇なのかなと思うくらい、どこかで自分を狭めちゃうんですね。

新保✤宮澤さんは石橋湛山のことで、いろいろ反対を果敢にやったので石橋さんは占領軍から追放された、それは間違いないことだ、「占領軍はまったく無理なことをしたと言うしかないんです」と言われてちょっと怒ってるわけですね。そこに片鱗《へんりん》を示されてるわけですよ。ここも非常に面白いなと思った。

西部✣吉田茂にたいしてもかなり冷ややかなもの言いをしてますね。ひょっとしたらそれを言ったときに、鳩山一郎その他を追放した狂言回しは、吉田本人であるとか、いろんな話があるでしょう、つまりGHQに自分の政敵を追放してもらうというね。そういうことを宮澤さんは言わないけれど、どこかで示しておこうというのがこういうもの言いなのかなと思ったんです。

御厨✣すべての人間にたいして宮澤さんは冷ややかだから、やっぱり池田勇人にたいしてもそれがあって、ここには最終的に入ってませんけれど、ある回のときに突然ぼくに向かって呟くように言ったのは、「御厨さん、池田勇人という人はよく総理になりましたねぇ。総理になるような人だったですかねぇ」と。あなたにそんなこと言われたら困ると思ったけど(笑)、そういうもの言いが実は随所にあったんですね。それで最後は語るのが嫌になっちゃう。そういう心理的なものが彼の不幸のような気がしますね。

西部✣さっき新保さんが言ったことだけど、僕はこれを誰か文学者が、行間を読むようにしてもう一度読んで、今の池田勇人のことを含めて、宮澤さんの存在のある意味でのすごさ、他の言葉でいえばある種の哀しさを、描出なのかクリティークなのか、したら面白いと思う。権力の間近どころかど真ん中に位置しておりながら、権力というものの持っているいやらしさとか軽薄さとか、あるいは愚昧《ぐまい》さというものをずっと感じていて、それに状況適応的だから反発はしなかったけれども、マイナスの価値観を忘れられない――そういう権力の悲劇のようなものがずっと行間に漂ってますからね。

新保❖占領が屈辱か解放かということでは、実は僕自身、なかなか頭のなかで整理されないところがあるんです。佐伯啓思さんが産経新聞の正論欄で、人民解放史観から解放されなければ靖国問題について中国の側に言い分を与えてしまう、というようなことを書かれてたんですね。宮澤さんにとっても占領は屈辱だった。一方で、いろんな圧政から「解放されたと考えていらっしゃる方が意外にある」とも言われている。戦後六十年史を話す上で、戦後六十年は解放であったのか屈辱であったのか――。ある人々にとっては解放だったんでしょうか。たとえば共産党員にとっては……

西部❖共産党のみならずほぼ全人民階層が、解放だと受け取ったんでしょう。そう受け取らない人は大概、処刑されたかパージ（追放）されたか沈黙に追い込まれたか。

新保❖すると人民解放史観からは、敗北してよかったということになりますね。そうでなければ圧政が続いたわけですからね。これがどうも整理できないんです。どっちだと考えればいいのか。

御厨❖たぶん宮澤さんのは、自分たちは現場で屈辱を味わった、その現場の屈辱を忘れたんじゃないか、というニュアンスで、みんなは「最終的には解放であって大きな解放の流れのなかに屈辱もあったけど結局はよかったんだ」と捉えているけれど、自分はそうじゃない、屈辱ってのは忘れられないことだ、そこにとにかく固執してみよう、ということだと思うんですよ。

　GHQとの関係でそれを屈辱と感じたのは、明らかに後藤田さんですね。後藤田さんは、内務省のなかにあっても、GHQと交渉する、あるいはGHQが入ってる委員会にはいっさい出なかった。「英語ができないこともあったけど」と謙遜してましたけれど、要するに顔を合わせるのも嫌だったんですね。「そういうことはそれが平気な奴がやるはずだ」と。奥野誠亮さんは、涙を流しながらそれをやった、という有名な国会答弁があります。

　鈴木俊一さんなんてずるいから(笑)、「法案だのなんだのは結局、占領軍から押しつけられて作るわけでしょう。それはどうやって通したんですか」と聞いたら、「占領軍だって神様じゃないんだ。来てる奴はほとんど日本のことを知らないとすぐ分かる。憲法のときにはまだしもましなのが来てたけど、地方自治法なんかのときにいたのは、ニューディーラーが何たるかだって何も知らん。知らないで押しつけてくるから、全部はい、はいと受けといて原案として出す。ひどい原案だから国会において修正すればいいんだ」。で、国会のときに野党を使うんですって。「与党は一応それを出してる側だから修正できない。野党を使ってまともな法案にするってことを何度もやった」と。だから鈴木さんにそういう屈辱がないのは、要するに巧くしてやったということですね。

　してやった人がいて、涙した人がいて、絶対付き合わない人がいて、宮澤さんみたいに付き合わなきゃいけないんだけど嫌な思いをした人がいた。おそらく現場にはそういう人たちがたくさんいたんでしょう。でも、いちいちが屈辱だったそういう現場の記憶が、五十年、六十年というプロセスのなかでどこか消えてるんですよ。解放ということにしてもそのうち消えちゃうんだろうけれど、良かったねというほうが残るということじゃないでしょうか。

西部❖こういう人はいませんでしたか。仮に公《おおやけ》と私《わたくし》と単純化して言うと、「公には屈辱の六十年であった。でも私で考えてみたら、日本の軍隊にはいやな奴もゴロゴロいて、下っ端軍人のくせに俺の敬礼が間違ったくらいで腰骨が折れるほど叩きやがったり、嫌な思いがいろいろあった。だから密かに言うとほっとしてたんだ」というのは(笑)。僕は戦争が終わったとき小学校一年生ですから想像で言ってるんだけれど、そういうことならば僕も分かるなと思うんだ。

御厨❖本当にそうですね。でも僕の記憶では、今の西部先生のような方はちょっといないですね(笑)。やはりそこでもかなり類型的な言い方をして、あまり考えないようにしてるのかなという感じがしますね。

西部❖やっぱり宮澤さんくらい頭が良くないと、現場にいた人たちとしてもそういう公と私の使い分けはできない。だからひょっとしたら、宮澤さんという個人はいろんな可能性があった人だという気がしましたね。僕は中曽根さんとずいぶん親しいんだけど、そういう可能性はあまりないね。あの人は裏も表も全部パターン化されてる。捏造《ねつぞう》までしているかどうかは知りませんが(笑)、パターン化されてる気がする。

歴史学の責務

新保✤こういう政治の事実を積み重ねて政治史ということになるわけですが、御厨さんが言われているのは、政治の歴史、歴史学というのは単に実証ではないということですね。いわゆる実証をやってきたけれども、そこから実証を超えたものを見出すべきだ、と。そのとき歴史学としてはどういうものが不可欠ですか。実証性だけじゃない、何を表現されようとしていますか。

御厨✤非常に単純に言えば、マルクス主義的な歴史観が崩壊したあと日本にずっとあるのは、実証主義というやつですね。これは一つひとつの物事を証明していくというやり方ですからどんどん細かくなって、いま社会史も政治史も、底面の底面のそのまた底面を扱うようになってる。それもいいんだけれど、じゃあそれを取り上げることにいかほどの意味があるのか。僕もマルクス主義からの解放の時代に育ったわけですが、マルクス主義への過剰な反動が何を生んだかというと、意味を考えることにたいする禁忌、タブーができちゃったんですね。そうすると、とにかく細かいことばかりをほじくり出すようになって、細かいことをやれば就職できる、就職してからもそんな話しかしない。これは政治史に限った問題じゃないと思いますが、全体の意味を考えないんですね。

そういう状況のなかでぼんやりとではあるけれど私が考えているのは、小さな意味での歴史だけじゃなくて、政治のなかで政治が本来なし得ること、あるいはしなければならなかったことというのを、歴史の全体性のなかで取り上げていくような、全体性の回復を目指さなくちゃいけないのではないか、ということなんです。

ですから聞き書はあくまでも手段なんですね。叙述を含めて、もっとマクロな意味とかダイナミクスが分かる方向へ変えて行かなくてはいけない。こういうものを積み重ねてモザイク状に出てきたものをもういっぺん広げて考えることによって、たとえば戦後六十年だったり近代百年だったりをうまく繋ぐという試みをしないと、これから後の、それこそ次の世代の人たちは歴史が分からなくなると思うんです。

西部❖僕は御厨さんよりひとまわり年上だけど、まったく賛成で、他の言い方をすると、分析主義の間違いですよね。対象のほんの一部を分析しているだけでは他の部分とのつながりがないから、当然のことながら意味がなかなか浮かんでこない。つまり意味というものは、ある側面の意味を尋ねると、他の側面との関わりで意味ができる。したがって意味を復活させようとすると、どうしてもある種の全体性を想念せざるを得ないということが一つ。

もう一つは、この場合は自然科学じゃなくて社会科学ですから「意味」＝「言葉の意味」ですよね。言葉はもともと本の上に書かれてるものじゃなくて、状況のなかで語られていた。しかもある種の決断を込めて語られてたんですね。決断というのは裏を返せば責任になるから、状況のなかで決断と責任を要求される形で吐かれていたのが言葉でしょう。状況であればこそ、言葉は全体性を引きずらざるをえないし、しかも状況は刻一刻と動く時間のなかにある。そこでの決断であり責任であった以上、非常に実践的なのが言葉なわけでしょう。それもすくい取らないと、意味というものは甦らない。

その方向にたいするアプローチの仕方はいくつかあろうと思うけれども、確かにある状況のど真ん中にいた当事者、その人自身の全体像を時間をかけてずっと描出していくことは、全体性と決断性という両面をすくって言葉の意味を回復させる、ひとつの方法だということはこれを読んでいて分かりました。

ただ、こういうこともある。宮澤さんは、吉田茂が「一国だけで安全を全うできるなんていう議論は書生論に過ぎない」と言ったことについて疑念を抱いている。もし僕が宮澤さんの秘書だったら、「単独防衛が可能か不可能かで言えば日本の場合は不可能です。しかしながら自主防衛が可能か不可能かと言ったら次元が別になりまして、他国との関係も自主的に構成するという問題ですから、そういう意味で吉田茂発言は間違ってたし、今の小泉も間違ってます」と論理的にアドヴァイスするところなんだけれども(笑)。僕が言いたいのは、権力とか地位の高い人は、そういうことについて考える暇がないんだろう、ということなんですよ。それも権力者の悲劇だと思います。

新保✣さっきの長岡の料亭の女将でいうと、話し方の能力だけじゃどうしょうもなくて、もう一つは対象にたいする愛情だと思うんですね。やっぱり彼女にとって河井継之助の存在は決定的だったんですよ。そういう意味で、歴史にたいする愛情が薄らいでいることが、喋る力の薄れていることとも関係しているんじゃないかと感じるんです。今の日本人は実はそれほど歴史を愛していない、あるいは歴史にたいする畏敬の念を持っていない、歴史の重さを感じていないんじゃないか。『存在の耐えられない軽さ』なんてのがありましたけど、そういう軽さがあるんじゃないか。御厨さんが言われた「歴史が分からなくなる」ということともつながるんですが、歴史が分からなくなるということは歴史の重さが感じられなくなるということと同じでしょう。極論的に言うと、畏敬を感じていれば歴史なんて分かって当然なんですよ。

恐るべきニヒリスト・宮澤喜一

西部✣僕も新保さんとほぼ同じ感想を持ったな。最初に状況適応の宮澤さんと言ったけど、存在の重み、歴史の重み、ある状況にたいする愛情は、ないと感じた。でもひょっとしたら、それが近代そのものかもしれない。そう読んだときには、宮澤さんというのは空恐ろしいくらいの近代主義者、近代主義者そのものだとも言えるわけですね。小さい声で言いますけれど、あんがいそういう近代主義者って東大卒に多いんですよね。あれ、今日は全員東大だ(笑)。僕のような頭の悪い奴はちょっと愛情を持ったりしてウロウロしてるんだけど(笑)。これは敗戦後に限ったことじゃなくて、明治の辺りからずっと来たカーヴの行き先なんでしょうね。そういうことを素直に現しているという意味でも、近代主義の悲劇を体現した人という印象を受けたね。

御厨✣そういう言い方はできますね。

新保✣僕が御厨さんの横に座っている立場だったとしたら、総理大臣をやられた人には、歴史を作っているという実感を持ったことはあるかということを聞きたかったなと思うんですよ。僕なんかはやむなく歴史に従って生きていて、そういう感覚は全然ない。というよりなんだか歴史の外に生きているような感じしかしないので。

西部✣その質問は決定的なんだけど、権力者というのは「俺がアレを作ったんだ」と言いたがるものじゃないですか。たとえば中曽根さんなら「国鉄をＪＲにしたのは俺だ！」、小泉なら「自民党が滅びることも辞さずに構造改革をやったのはオレだ！」と言ってみたいわけね。でも実際には、何が残るかといっても大したもんは残ってない。

宮澤さんが空恐ろしいのは、考えてのことか、あるいは体質的なことかもしれないけれど、「所詮こんな状況のなかじゃあ……」という冷ややかなところだよね。戦前戦中を想像すると「所詮《しょせん》こんなに軍隊がワッと動いているなかでは……」、戦後で言えば「米軍がこんなにいるなかでは……」という感じで、次には世論ですよ。「新聞社が威張ってる以上、俺が歴史を動かしたと言ったって、誰も動かしてくれと期待してもいないし、動かしたらブーブー不平が出るだけだし」ってことを、どこか分かってたんじゃないかな。そういう意味では、先ほど近代の悲劇と言ったけれど、もっと言うと、恐るべきニヒリスト、いやぁなニヒリストかもしれない（笑）。

御厨❖そう言いたくなるくらい（笑）。新保さんの質問と同じようなことは僕も聞いた気がするんですが、そういうとき彼はこう言うと思う。「御厨さん、総理大臣ってそんなに偉い人ですかねぇ。何かできると思われますか」って。こっちは「えっ」とか言って、何も言えなくなっちゃう（笑）。

新保❖やはり恐るべきニヒリストですね。なんだかすごい人になってきた（笑）。

もう一つ宮澤論として面白いと思ったのは、「これは私の性格に欠陥のあるところなんですが、法律的にできないという話をやるということはよくない。どんなに政府が望ましいと思っても、これだけはっきり規定されているものを、力ずくでやるということは、どうも私はよくないと思う。私にはできない」と。見ようによっては総理大臣としてずいぶん小さい（笑）。性格論としては非常に特徴的ですよね。

御厨❖すぐ後に田中角栄がそれを金でどんと解決しちゃったことが出てきます。自分はそんなことはしない、ということですね。たしかに彼の性格論として一つありますね。

西部❖小さいとも言えるし、ある種のルール感覚があるとも言える。そこでは法律だけが取り上げられてるけれど、実は法律だけじゃなくて、人間関係のなかにはルール化された付き合い方があるでしょう。それを新潟くんだりから出てきた野蛮な男が金と「コンピュータ付きブルドーザー」でルールを無視してやってく。こんなことが許されたんじゃ、法律はおろか集団の論理もぜんぶ壊れちゃうじゃないか、今それが格好良く見えても、いったい明日からどうする気なんだいという気分の発言だと考えれば、むべなるかなって気もするんですね。しかし同時に、状況というのは決断であって、ルールを踏み越えていくのが政治のルールでもあるわけね。だからその矛盾を、やっぱり引き受けたくなかったんでしょうね、宮澤さんは。

宮澤さんがどう思うか知らないけど、それから本を作った人にも悪いけど、僕だって、何か近代の果てまでやってきた時代の、もっともいやらしい宮澤、と思うわけさ。ところが読んでいると、そういういやらしさのど真ん中に立っていながらずっと気分のサーファーみたいなことを、しかもまあまあ大過なくやり仰せて八十五歳になられて、なおかつ「総理大臣？ そんなもの偉いんでしょうかね？」とこう言わざるを得ない、それも一つの魅力と言えば魅力だなって気がするね。

おそらくそれは彼だけじゃなくて、あんがい役人一般にあるものかもしれないですね。彼らは難しい試験を受けて東大に入って、ましてや御厨さんと一緒の法学部という一流の学部をわざわざ出て、役人になるわけでしょう。それで新聞記者から苛《いじ》められたり政治家からどやしつけられたりしてたら、そりゃニヒリストにならざるを得ませんよ。でも、実際に個人的に会ってみると、頭はいいし判断力はあるし、そういう意味で魅力的というか、「ああ、この人はここまで考えて生きてたのか」ってことが納得できる。だから役人一般の本質を宮澤さんが現してるのかなと。

失われた十年に失われたもの

新保✣今号（本対談が掲載された雑誌『表現者』二号、二〇〇五年）は「失われた十年」という特集なんですが、経済だけの問題ではない喪失感が日本社会を覆っていると思われますが。

西部✣回りくどい言い方をするけれど、「失われた何とか」という言い方は、第一次大戦後の「ロスト・ジェネレーション」から始まってる。もともとの意味は「見失われた」であって、戦争で山ほど死んだけれど雄々しく戦ったあの世代がごっそりどこかにいなくなってしまった、あの連中の価値観はどこへ行ったの、という感じなんですね。ヨーロッパが価値崩壊のなかでニヒルになったりペシミストになったりしていることを受けて、特にヨーロッパに思いをかけてたアメリカ人の文学者フィッツジェラルドとかヘミングウェイが、見失われた世代といわれるわけでしょう。

新聞で失われた十年と書くときには、せっかく構造改革をすべきときにあまりしなかったゆえの、みすみす見逃した十年、という意味なんですね。でも、やっぱりロスト・ディケイドといったときには、むしろロスト・ジェネレーションと同じ感じで、せっかくみんなして構造改革だなんだかんだと言ったのに、あのときの興奮は一体どこへ行っちゃったの、と。ヨーロッパで言えば、近代百何十年の結果として、ある青年層がごっそりと見失われてしまった。それと同じように日本は明治から近代化だなんだといいながら、平成という近代化の極点において、それを言った人たちの論理とか思いはみんなどこかに見失われて、小泉さんのような空文句だけがその場その場で風車のように回っている。そういう意味でのロスト・ディケイドだという気がするね。

御厨✣論理と思いが見失われたと言いましたでしょう。それと絡めて最後に小泉さんの話が出たのでふと思い出したんですが、ときどき聞かれるんですよ、「いつか小泉さんのオーラル・ヒストリーやりたいと思いますか」って。僕はあんまりやりたくない、と言うわけです。言い方が悪いようだけど、あの人はあれだけの人だと思う。たとえば靖国に行くという問題でも、深い理屈や理由があって行くと言ってるわけでは絶対にない。「あのときの真意は」と聞いたところで、真意なんて出てこない。俺は立候補のときに公約したから行くんだ、という以上に拡がらない。そもそも彼のライフ・ヒストリーがあまり面白くないだろうと(笑)。おそらくゴツゴツとした「部分」だけがあって、それしか喋らない。それ以上喋るような人だったら四年も内閣がもたない。つまり、あれだけもっているのはそういう部分であって。

だから小泉さんを尺度に「失われた十年」を見てみると、政治そのものがどんどん痩せ細っている。痩せてきたときに小泉さんみたいに何も考えない人が、「やったらできたね」って話になっていて、そういう時代を我々は迎えたのかなと思いますね。

よく言われるように、長期政権のときには必ず後継者がいて、佐藤さんのあとには三・角・大・福・中、中曽根さんの後には安・竹・宮がいた。でも、今はいないんですね。これも象徴的です。

失われた十年の結果を政治の面で言うと、小泉さんに象徴されるような、これが政治かと言えるくらいに変形した摩滅したものになってしまっている。

では今後どうなるか。僕は政治学者として聞かれるから一応は重々しく、これからは二大政党制の時代ですと言うけれども、本心ではそんなもの怪しいと思う。その辺のところはあんがい国民のほうが見抜いていて、どっちにしても面白くないねって話になってるわけでしょう。そうすると、失われた十年とか不毛であったとか言うけれど、まだしもその前の、自民党があって社会党があってという時代のほうがそれなりの緊張関係はあった。今そういう緊張がなくなっている。そして最後のとこまで来てみると、何もなくなってる、そういう状態じゃないのかなって思う。

新保❖御厨先生のますますの御活躍を期待します。ありがとうございました。

（収録二〇〇五年七月四日）

3 いま政治に思想はあるか?——人間の政治の復権をめざして

× 関川夏央——せきかわ・なつお／文芸ノンフィクション作家、評論家。一九四九年新潟県生まれ。上智大学外国語学部中退。『海峡を越えたホームラン』(双葉文庫)、『二葉亭四迷の明治四十一年』『司馬遼太郎の「かたち」』(ともに文春文庫)『家族の昭和』(新潮文庫)、『子規、最後の八年』(講談社)など著書多数。

政治学は生き残れるか?

御厨✣「いま政治に思想はあるか?」というテーマですが、まず政治学とは何かを問題にすることから始めたいのです。いま政治学会には何千名という研究者がいて、いってみれば一つの業界となっています。その業界で書いている研究者の論文の内容は、政治学の理論の微細な違いとか、アメリカの政治理論のどこそこを紹介するとか、一種、ジャーゴン(職業用語)の世界になっているわけです。政治学会は年に一回研究大会をします。そのテーマをみると、昔より分科会の数も増えているのですが、いまの政治学は何をめざしているかとか、政治学をどう捉えるべきか、とか、一般市民に向けたメッセージ性のある議論はありません。

政治学者はそうしたメッセージをよく雑誌に書いているではないかとの反問があるかもしれない。しかしアカデミズムからみると、『中央公論』や『世界』といった論壇誌に論文を書くことは学者本来の仕事ではない。いわば余業としてみられている。大学が研究者の業績調査をする場合、普通は『中央公論』や『世界』の論文を数に入れないことになっているんです。

関川❖おや、そうなんですか。

御厨❖普段、論壇誌で活躍している政治学者は、大学に帰ると紀要に、業界の人だけに分かる、地味なものを書いている。そうした離れ業を、戦後長いことやってきたわけです。一九六〇年代までは、そうした政治学者による論壇誌の論文は、一般社会に大きな影響を与えました。しかし、政治学と一般読者との緊張関係が次第になくなり、ある時期から政治が保守化してくると力を失ってくる。保守政治のイデオローグというのは現実的にはあまり存在感はなく、それを批判する側も現実的ではなくなってしまった。

他方、政治学のアカデミックな側面では、マルクス主義はとうの昔に捨てられて、左への思いが見えかくれする構造主義的な方法が取り入れられている。具体的には政治経済学という新しい学問が欧米から入ってきているのですが、これはある意味で、マルクス主義のものの捉え方と似ています。経済を一つの構造として捉え、大理論で斬っていくものです。政治経済学を日本の状況に当てはめたらどうなるかという議論がいまある。ほかにシステム論とか制度論とか、アカデミズムの議論は緻密になっているけれど、それでは、こうした理論で説明している人たちが、評論の世界でその理論で説明しているかというとそうではない。もっと素朴な実感信仰に基づいている。どうやらジャーナリズムで行われる議論と、アカデミズムで行われている議論は、乖離《かいり》したまま来ているのではないか。しかも、いずれの場合も、政治における人の要素について突き詰めた議論の展開がないわけです。

　よくベルリンの壁が崩壊して冷戦が終結したと言いますが、その終結によって、政治学の世界でより自由に議論できるようになったかと言えば、そうでもない。アカデミズムはイデオロギーとは関係がうすくなりましたが、今度はものすごくマニアックに細かい点に関心が向かっている。みんな、アメリカ詣で、イギリス詣でで、しかも、どちらの紹介が早いかが勝負になっている。

　冷戦が崩壊して保革対立がなくなると、評論もしにくくなります。以前なら、だれかに責任を押しつけて、正義の味方を装う感じで議論ができた。それができなくなっている。いまの状況を一言で言えば、混迷状態です。日本の政治は、いまや主婦感覚、サラリーマン感覚で議論できる人たちがたくさんいる。そうした話と、むずかしい勉強をしてきた政治学者の議論する話と、どこが違うかと言えば、あまり変わらないわけです。いまや多くの政治学者のアイデンティティは、差別化された小さな世界で政治学を論じることにある。しかしそうは言っても、大学が淘汰されているなかで、それで生き残れるだろうかという大問題に直面しているわけです。おおざっぱに整理すると、政治学はそういう状況にある。

今回の対談のテーマは「いま政治に思想はあるか?」ですが、マルクスから始まるお偉い先生方の理論はみな博物館入りしています。いまはスターの理論家はそんなにいない。日本では丸山眞男がアカデミズムとジャーナリズムをつなぐ役割を唯一果たしていましたが、それを継ぐ大人物も出ていない。とめどなく微分された世界になっているわけです。では、現実の政治に思想はあるのか。どうもいま政治で議論されているのは、もっぱら経済の問題です。経済思想や経済政策の話は語られている。それは新古典派から始まる一連の理論をどう現実に応用するかという話です。その応用されたものを実際に政治の場で決めるときには、もう少し政策決定過程が明らかにされないといけない。しかしそこは長い間、官僚が握ってきて見えていません。そこが見えないと、本当の意味で「いま政治に思想はあるか?」ということも分からない。つまり思想がブラックボックスに入っている。

関川✣ようやく戦後政治学の出自と現状について得心のいく説明を受けた思いです。丸山眞男が元気な頃は、政治学は現実の政治に影響を与えたのですか。

御厨✣現実の政治には直接、影響を与えていません。しかしステートメントを出したりすると、単に政治学にとどまらず、社会科学者一般や、活動家の人々へのインパクトはあった。もう一つ、官僚は圧倒的に東大法学部出身で、その法学部で丸山眞男の「政治思想史」の講義を聞いた人が結構いる。彼らの思想的なバックボーンのなかには、丸山眞男流の政治学があった。もっともそれは現実の政策の場とは無縁でした。

関川✣でも政治学は、現実に使われるためにあるんじゃないですか。

御厨✣そこはむずかしい。東大にも戦争協力をした政治学者がいたわけです。戦後一斉に懺悔《ざんげ》したときに、政治学は現実の政治から距離を置こうとした。戦争協力への反省があったから、戦後は、保守ではなくて革新を応援しようということになった。

関川✣ああ、そうか。

御厨✣だから、つねにユートピアなんです。保革対立が激しい時代には、革新が美しいユートピアを求めて語ることはそれなりに意義があった。そこは日本の政治学の一つの偏りです。

関川✣明治時代には、政治学はあったんですか。

御厨✣政治学ではなく、国家学というのがありました。ドイツから入ってきた学問です。官房学や行政学は国家をどう現実に運営するかという学問です。国家学はもう少し抽象的なものです。それが日本に直輸入された。

関川✣それは役に立ったんですか。日本はこういう国にならなければならないとか。

御厨✣国家学については、どこまで現実のものとして理解できたかは分かりません。でも日本でも幕末の知識人はがむしゃらに蘭学を学んで、それを懸命にものにしようとした。これもある種の教養主義ですが、それと似ていたかもしれない。そういうものが現実に適用できたかどうかは疑わしいですね。

「人」と「偶然」の要素

関川✤御厨さんの『明治国家の完成』(中央公論新社)は一八九〇年から一九〇五年までの日本政治を扱っていますが、それを読んでいると、当時の政治家たちは何か理想があって、それに合わせて活動しているのではないんですね。場当たり的にという言い方は酷《こく》ですが、つぎつぎ出来する問題にその場その場で対応していく。現実の迫力に右往左往し、しかしジグザグながらも、とにかく前に進んでいくという感じ。そこでは国家学とか政治学は助けになっていませんね。

御厨✤ええ。ただ、にもかかわらず昔の日本人の偉いところは、そういうものを絶対的なものと感じていて必死に勉強していた。これは当時の近代人の強迫神経症的なところから来ていると思うんです。それをやらないと気が済まない。江戸時代の儒学も政治に生かされたわけではない。でも、それがないと精神的に安定しない。

関川✤伊藤博文がドイツに憲法の研究に行ったのは、実学としてではないですか。

御厨✤本人はそのつもりです。あの時期、陸奥宗光も行っています。彼らは「ドイツ憲法は日本に適応できるか」と聞くわけですが、向こうの返事は「無理だろう」というものでした。しかし伊藤も陸奥もプラス思考というか、絶望的なまでに異なるものを日本に持ってこようとがんばって、気持ちは絶望的にならない。そこは不思議ですね。持ってきて、似て非なるものにするんですが、とにかく作る。

関川❖そういうプラス思考は、森鷗外の留学時代にもありますね。夏目漱石とはずいぶん違う。

御厨❖どういう違いですか。

関川❖鷗外は、地質学者のナウマンが「日本に科学の発達する条件がない」と満座の中でいうと、その場で立ち上がってドイツ語で果敢に反論します。「まだないだけで、やがてはできる」と。

漱石の場合、ケンブリッジには行かなくて、ロンドン市中の下宿屋でひとり勉強するわけですね。鷗外とは方向が違うのです。漱石は大都会で生きる人間の淋しさのほうを見つめる。そしてすさまじい公害、ヴィクトリア女王の死、ボーア戦争からの凱旋、漱石は二十世紀が体現するものをすべて目撃し、体感します。それはやがて日本にも必ず訪れるはずのものです。江戸人(漱石)と地方人(鷗外)の差かなとも思います。もちろん、明治十年代末と三十年代という時代の違いもあるでしょう。それにしても『明治国家の完成』を読むと、当時の政治家はみんな元気がいいですね。いらざる悩みを持たない。

御厨❖明治時代は、政治でも何でも、自分が思ったことをすぐ行動に反映してみやすい時代だったのでしょう。

関川 ✤ 不思議な時代だった。黒田清隆なんか、とにかく酒癖が悪い（笑）。酒乱の人が首相になって、酔余の行為が政治を動かしたりする。先ほど御厨さんがおっしゃった人の要素、それが濃厚すぎるほど表れている。けれども時代が下るにつれ、そういうことが稀薄になります。

御厨 ✤ みんなまともになった。いまの総理大臣（当時の小泉純一郎首相）は、若干そこはずれている。それがいつまで続くかは分からないけれど。

関川 ✤ 私は全員に刀を持たせたらいいと思う（笑）。これはなかば本気なんです。いつ死ぬか分からないというのが、本来の政治家のあり方だった。暗殺された星亨《ほしとおる》だって、そういう覚悟でいた。

御厨 ✤ 昔は院外団《いんがいだん》というのがいて、（議会の）中で軟弱な議論をしたら外で許さんといって、外圧をかけていた。院外団のほうが中心だった。これが世論を反映していて、むしろ代議士はすぐころぶから信用できないことになっていた。言葉を真剣に出さなければ最後はやられてしまうというところがあった。言葉のゲームをやるにしても、みんな段平《だんびら》下げてみたいなところが昔はあった。いまは、言葉が軽いですからね。

関川 ✤ 明治の政治家の特徴は、その多くが革命期に生命の危機を経験している。あるいは戊辰戦争で戦っている。白刃の下をくぐって生き残ったものは、それなりのものです。私なんかは、戦中派というと無条件にある程度の尊敬心をもって見る。たとえ戦地に行かなくとも、戦時を生きた人には平和しか知らない人間とは別のものがあると思う。

『明治国家の完成』に戻りますと、これまでの高校教科書的な歴史観では、明治時代というのは、設計図があってそれに合わせてみんな努力をしていたのだと思っていました。でも、完成予想図の曖昧なイメージがあっただけなんですね。現場で、いわば泥縄式に作っていった。よく出来たものだと思います。

御厨✣いままでの政治史だと、もう少し予定調和的に書いていた。人の要素でいうとリーダーシップの問題は、いまの政治学のなかでは足踏みをしている領域です。これは世界的にそうです。なぜそうなったか。一つには「偉大な指導者」がいなくなってしまったからです。民主主義が進むとエリートが出にくくなって、ある傑出した一つの個性ではなく、むしろ凡庸な人たちの集まりによる政治が行われるようになる。二十世紀の最初の五十年は、戦争も革命もあったけれど、戦後になると大国では大きな戦争や革命はおこらなくなった。リーダーシップを発揮する機会もなく、政治学のなかでもリーダーシップ論が問題にされることは少なくなってしまった。

関川✣もう一つ。歴史には偶然の要素がかなりあるんですね。たとえば、議会が二進も三進も行かなくなって解散すると、たまたま戦争が起きる。そこでにわかに挙国一致体制ができてしまう。それが日清戦争と日露戦争、二回もあったわけですね。天恵というか、歴史は複雑な偶然が運んでゆくんだと思いました。これまでは、戦争は歴史の必然だったように考えられていた。

御厨✣必然論も一つの考え方です。帝国主義の理論とか、植民地・非植民地の理論とか、そういった理論でいこうと思えば、必然論でいかざるをえない。理論でがんじがらめになった部分を捨てみると、歴史は偶然の産物だというところが、ぼくには見えてきた。

近代政治史と江戸時代

関川✤すると、政治学は歴史に関しては、過去の政治評論になるわけですか。

御厨✤むずかしいところです。私の書いているものに対しては、反発があるでしょうね。そんなに面白く現実が動いているはずがないだろうと。ただ私はリーダーシップ論にしても、小難しく考えるよりは、とにかく〝流れ〟で考えてみようとしたわけです。そのなかで見えてくるものがあると思っている。

いままでの政治史は業績主義です。ある一つの事実について、実証的な証明をする。そうした論文が三つ集まれば、助教授になれるし、教授に昇進する。〝流れ〟などは問題にならず、自分が証明したいことについて、資料を集めて証明してしまう。前後左右がどうなっているかは、本人も周りも問わない。一般読者からみれば、そんなものを読まされても、なにがなんだか分からない。ましてや現実への応用はきかない。いま必要なのは、事実の証明に基づきながらも、〝流れ〟をみせることです。

関川✤政治学というのは、政治が参考にする、あるいは政治を見るときの参考になる学問かと、みんなは思っていると思います。それが助教授になるためのものにすぎないとすると、普通の人にはまったく関係ない、ほとんど審美的な一業態ということになりますね(笑)。

御厨❖助教授や教授になるための勉強が終わった段階で、もう少し大きな構図を書けばいいのですが、そうなっていない。

関川❖室町の王権が専門の学者と話をしていたら、江戸時代のことを何も知らないのに驚いたことがあるんです。歴史はつながっているので、ある時代をやるにしても、その前後をやらないと駄目ではないかと思うんですが。

御厨❖その話でいうと、我々の政治史で問題なのは江戸時代です。私を含めて近代政治史を専攻している研究者は江戸時代を切ってしまう。ところが明治の初めに行政の末端にいた人たちは、すべて江戸の教育を受けている。しかしそういう話には重きをおかず、突然明治政府ができたような話から始まるのです。それは、本来みんなが知りたいことを、職業的なフィクションによって無理やりある型にはめこむことです。もっともそれがインチキだということはみんな分かりはじめている。にもかかわらず、これまでは幕末以前と、以後では、学者の育て方がまるで違うんですね。お互いに相互不可侵になっている。

関川❖文学では、漱石は「明治十五年生まれ以前と以後とでは違う」と言っています。明治十五年以前生まれは、江戸的教育の余光を受けている。それ以後の人は、いわばアプレです。啄木なんかは完全なアプレです。啄木はたまたま明治で死んで、明治の人のように思われていますが、あの人は大正をつくるべき人だった。明治といっても松方デフレ前後に、深い断絶がある。最近、そういうことが言われている。

御厨❖いままでは、それに着目する人がいなかったということですか。

関川❖ええ。それは日本の初等、中等歴史教育では年表の色が変わるからですね。

御厨❖なるほどね(笑)。

関川❖地図の色が変わるとの同じです。色が変わるから国境は絶対的だと思ってしまう。江戸時代だと、この体制では経済的にもたないとはっきりしてくるのは、天保の改革ぐらいからでしょう。明治時代をかりに赤とすると、年表はその頃からピンク色のグラデーションで描いていかなければならない。教養のあり方からいうともう少し前、明和期末の杉田玄白や前野良沢くらいから変わっていかないといけない。鎌倉時代のはじまりだって、「いい国(一一九二)作ろう鎌倉幕府」は間違いで、どうも一一八五年ぐらいじゃないかと言われていますね。

御厨❖ある時代が何年から始まったというような受験勉強は虚しい(笑)。

関川❖そういう覚え方はしないほうがいい。それにしても「いい国(一一九二年)」が動くとは思わなかった。

小泉純一郎の雄弁術

御厨❖私の本に関しては「明治だからこう書けたのでは」という意見もある。大正や昭和や平成で、こういうかたちで政治史を作れるかという問題がある。民主化が進んでくると、個人の役割が少なくなって、集団や組織でものが動く。だからリーダーシップ論は流行らないという。でも、果たしてそうか。戦後日本でいえば、吉田茂とか田中角栄、今日なら小泉純一郎とか。彼らの役割をどうみるか。人の要素をどうみるかを研究してこなかったので、小泉現象と小泉首相について政治学者が言っていることは、全部、普通の床屋政談と変わらない。政治学者だから、何かすぐれた状況分析をしているわけではない。いまの状況については分からないので、だんまりを決め込んでいる人もいる。

政治学や政治史における人間の研究が進んでいれば、少なくとも、小泉が出てきたとき、どの類型かぐらいは言えたはずだと思いますね。私も恥ずかしながら言えない。関川さんは、いまの総理は、どう見ていますか。

関川❖緊張度が高すぎる人かなと思いますけれど。言葉遣いが五七調かつ絶叫調ですね。本人は、短歌が好きだからと言っていますが、あれは短歌としては上等なセンスではない。むしろ、とにかく五と七もしくは三と四という、元気の出るリズムでやろうとするセンスですね。行進曲です。とくに大相撲の二〇〇一年五月場所で、怪我をしながら優勝した貴乃花を誉めたときはそうでした。

ワードポリティクスと呼んでいいのか分かりませんが、言語をそういうふうに使う。人にある主張を懇切に説明するというのではなくて、五七調によって元気というイメージを投げ与えている。

御厨✣絶叫というのは当たってますね。国会で党首討論をやっていますが、あれは討論になっていない。昔は、弁論術というのがあった。早稲田の雄弁会はそれで有名です。戦前の日本だと、永井柳太郎とか、議会で弁論をこととして政治に貢献した政治家がいた。そういう議論をみな聞いたうえで、一つの政治的判断をしていくことがあった。それが戦後になって著しく衰退した。弁論術自体が衰退したのと、そういうことで決着するよりは、すぐに数で決着するということになってしまう。弁論ないし言論はなくなって、その結果出てきたのがテレビ型の政治です。即反応型が求められる。さっと言わないといけない。

関川✣相手の話すことを聞くのではなく、たんに間をあけてはいけないのがテレビですね。

御厨✣すごい勢いでしゃべりまくる。その影響は、クエスチョン・タイムに出ていて、言いっぱなしなわけです。言葉で政治が動いているのではなく、速さと反応のよさを争うものになっている。

関川✣私の記憶では、吉田茂とかはもっとゆっくり話していた気がしますね。どんどん早くなっている。いまの田中真紀子さんの話し方は、相手に何もしゃべらせないために、時間を埋めつくすように話しつづける。あの話法は小田《おだ》実《まこと》と同じです。

御厨✣確かにそうですね。

関川✤小田さんの場合、テレビ的というより直接民主主義的です。遠いあの時代のことを思い出しました。議論ではなく、うつろな言葉の集中豪雨のような時代。

御厨✤テレビ的なポリティクスというのは、じつは何も問うていない。そういう状況で、リーダーシップを発揮していくことは本当にできるんだろうか。小泉さんが異常な支持率で引っ張っているのは、彼のリーダーシップがすぐれているからではないですよね。

関川✤森（喜朗）前首相とイメージが違うからでしょうね。人気の源は「きっぱり言う五七調」にあると思いますけれど。

御厨✤それと相手にものを言わせない田中真紀子の話し方ですか。

関川✤彼女はあらかじめコミュニケーションを拒否している。それ自体がパーソナリティになっている。彼女と議論するのは、猫と議論するよりむずかしい（笑）。

御厨✤相手にしゃべる時間を与えないために、しゃべる。そういう人間だけが政治をしている。国民はこれを、どういう感じで受け取っているんでしょうか。

関川✤『朝まで生テレビ』と同じだと思いますね。一時間ぐらいは、みんな見ている。最初は対決が面白い。でも、やがて同じパターンの繰り返しにすぎないと分かって飽きてくる。夜が遅いので疲れて眠ってしまう。

御厨✤ギリシア・ローマの古代でも、生身の人間同士を戦わせるゲームがありました。ああいうものと近いんですかね。

関川✤そう思いますね。

それに、私も含めて大衆というのは、ときどきとんでもない選択をするんだなと痛感します。田中真紀子人気もそうでしたが、かつての青島幸男都知事と横山ノック大阪府知事。しかしそういう馬鹿な選択を次もするかというと、それはない。横山知事の二期目当選には驚きましたけれども。つまり大衆というのは、短期的には愚かしくて、中期的にはそれなりだから、まあ日本はなんとかなるだろうという安心感というかタカをくくれるところが、十年前まではなくもなかった。それが九一年以降は、日本がもつかもたないかという本質的な不安が出てきたように思います。それまでは「平和のときの平和論」を心おきなく叫んでいられたわけで、思えば冷戦ほどのんびりとして懐かしい、いい時代はなかった。

しかし海部俊樹元首相は首相として湾岸戦争に対応できなかった。「いくら金を出せばいいか」としか聞けなかった。あのときに戦後ははっきり終わったんですね。

御厨✤関川さんが書かれた『砂のように眠る――むかし「戦後」という時代があった』(新潮文庫)という本がありますね。〝戦後〟をあれほどうまく表現しつくした本はないと思うのですが、あれはどういう感覚に基づいているのですか。

関川✤郷愁ですね。いま言ったように、あの頃は大いに本人は悩んでいるつもりなのに、実は本質的な悩みはなかった。いろんな問題があるように見えて、日本そのものは登り調子で、いまＮＨＫの「プロジェクトX」で見るような、前向きのいい時代だった。五〇年代、六〇年代のサラリーマンは立派だったんだなと感動する。いま思ってももう遅いのですが。（笑）

御厨✣日本の政治学は、その戦後を全部否定してきた。もっと別のユートピアがあるのではないか、日本は軍事大国になってはいけない、悪いことをしそうな保守政府を監視しなければならない、自民党政権がつづくのはいいことではない……。いまにしてみれば、そんな心配いらなかったんじゃないの、となる。

石原慎太郎と美濃部亮吉をつなぐもの

関川✣ちょうど六〇年代、美濃部亮吉《みのべりょうきち》都知事が生まれたとき、いわゆる学識経験者はほとんど美濃部派でしたね。その後、十二年も美濃部都政が続いて、だんだん気持ちが悪くなってきた。どうも美濃部さんでないほうがよかったと思うのですが。政治学者もたいていは美濃部派だったでしょう。

御厨✣思想的には、大内兵衛《おおうちひょうえ》などが美濃部さんを支えた。学界では圧倒的な影響力をもった最後のマルクス主義経済学者たちが総動員して彼を押し立てたところがあります。蕩々たる平等主義の流れのなかで、彼は高度成長期の果実を平等にみんなに分配していった。

関川❖でも、都財政は破綻しましたね。

御厨❖財政的に苦しくなっているにもかかわらず、それを続けた。金の切れ目が縁の切れ目となったわけです。オイルショックが起きますしね。

関川❖競輪を廃止したのも大きかったんじゃないですか。

御厨❖ええ。石原さんはいまカジノ構想を打ち出していますがね。

関川❖美濃部さんは三回当選しましたね。一回目は分かる。高度成長だから二回目も分からないではない。でも、三回目は全然分からないですね。選挙民とは不思議な存在です。

御厨❖ただね、いまの石原都政をいちばん支えている都庁の課長部長クラスの人たちは、美濃部都政のときに入ってきた人たちです。都政がこれだけ大きな影響力を持つんだ、という幻想に惹かれて入ってきた。彼らはいまや、石原構想に惹かれている。人事のリクルートの面白さですね。保守の鈴木知事のときは、あまり面白い人材は入らない。美濃部都知事のときに入ってきた人間は、保守になってそのあと二十数年腐るんですが、いま石原さんがそれを取り込んでやっている。

関川❖まさに大逆説ですね。

御厨❖それも人の要素です。青島のときになぜ支えないで、石原になって支えているかというと、美濃部さんの改革と似ているからです。

関川❖石原さんの『国家なる幻影』(文藝春秋)を読むと、石原さんほど美濃部さんを嫌っていた人はいませんね。

御厨✤ええ。一度は、都知事選で彼に敗れていますしね。だけど、いま都庁で石原さんを支えているのは、美濃部さんに憧れて入ってきた人たちであるという大逆説がある。これがなければ、いまの石原さんのわりと安定した都政運営はないわけです。石原さんもちょっと間違えれば、青島と変わらないわけです。なぜみんなが石原さんに付いていくかというと、石原さんは都政を語らない、国家を語る。

関川✤そうか。

御厨✤国家を語り、アジアを語り、世界を語り、文学を語る。いまの状況で言うと、リーダーシップ論がいちばん有効なのは、石原さんなのかもしれない。石原さんを分析することで、幅広いリーダーシップの要素を分析できるのかもしれない。

関川✤それは面白い主題ですね。石原さんのパーソナリティを考えると、彼の処女作、『太陽の季節』(新潮文庫)は、純愛文学なんです。言いかえれば、石原さんほど文学青年はいない。七十歳になろうとしているのに、文学を絶対視しているところがある。あるいは、そういう戦後的なセンスがいまでも無垢《むく》なまま保存されている。みんな『太陽の季節』を性的な小説だと思っているけれど、違いますよ。あれは、乱暴な言葉で書いた『ダフニスとクロエ』です。

御厨✤『太陽の季節』を読んで、石原さんに付いていこうということもあるわけですね。

関川✤表面とは違う石原さんの別の面を感じるということですね。あの人は、意識過剰なように見えて、無意識過剰です（笑）。石原さんは、最初は海軍士官、次に外交官になりたかった。戦争が終わってお父さんが亡くなって家を支えるために会計士を志し、ついで文学をするようになった。最後に政治家ですが、いまだに文学は兼業しています。いわば、国家なる幻影ではなく、とても戦後的に職業なる幻影を差し替えるんです。そういう面白さを持っている。

御厨✤もう一つ、石原さんがすごいのは都議会への対応です。彼は、自民党推薦ではなかった。そこで最初は議会と敵対していた。どうやって都議会をコントロールしていったかというと、先ほどから言っているワードポリティクスなんです。議会で語ることですが、ちまちました都政の話ではなく、先ほど言ったように、国家の話であり、アジアの話であり、世界の話であるわけです。自分が都政の改革をやって、都政の改革が国政の改革につながる、小泉さんと一緒にやっていくと言ったところで拍手が起きる。自民党の都議会議員も、この間まで野次の名人芸みたいな議員がいたけれど、いまは黙っている。自民党と公明党は与党化し、民主党も反対はできず、与党寄りです。ここまではだいたい与党化している。

石原さんにとって議会は恐くない。共産党が唯一反対党で、石原都政に反対すると共産党は言わざるをえないわけですね。都議会の中継番組で見たのですが、共産党は消費税をもとに戻すという政策はいまでも間違っていないと言った。すると石原さんは、「まだそんなことを言ってるのか」

といった感じで、党名でもかえて出なおしてこいといった調子です。共産党はそこでぐうの音も出ない。青島が同じ状況で同じことを言ったら叩かれると思いますよ。今後、数年間、石原都政は敵なしですよ。

関川❖知事があんなに目立つ仕事だとは、彼が知事になって初めて気が付きました。東京は韓国全体ぐらいの経済規模ですからね。

御厨❖ものすごく大きい。その経済規模からいえば、歴代の知事のほうが人間として小さかったんでしょうね。石原慎太郎論でむずかしいと思うのは、文学が入るからです。文学論を抜きにして語れない。あれだけいっぱい書いている。知事になっても書きつづけている。政治と文学とがどう彼のなかで結びついているのか。本当は政治学者がやらなければならない。

関川❖そういうのを福田和也だけに任せていいのかと、政治学者は反省する必要がある（笑）。石原さんは、後藤新平とはタイプが違うのですか。後藤新平も東京市長としては有名ですね。

御厨❖彼も、国家というスケールで見ようとした。満洲経営その前は台湾経営です。国政をやって、それで東京です。そこは石原さんと同じですが、ただ石原さんの持っている文学的な資質はない。後藤新平はもともと医者ですから、より合理的、より科学的な調査をする。石原さんは感性でやっている。

関川❖田中康夫（長野県知事）のほうは議会とうまくいきませんね。

御厨❖あれも不思議です。いま地方の首長のいろんなタイプが出てきている。その分析も政治学の仕事です。政治学の現状からいえば、石原さんもやりづらいけれど田中さんもやりづらい。いろんな学問を動員しないと分析できない。

政治学と政治評論の乖離

関川❖政治学は現実を分析することが、最終的な目的なんじゃないですか。

御厨❖だと思うんですが。現実の分析のときに、理論の裏付けと歴史の裏付けと両方が必要なんです。

関川❖理論の裏付けと歴史の裏付けはないが、人間関係を分析できると政治評論になるんですか。

御厨❖そうですね。

関川❖池辺《いけべ》三山《さんざん》なんかはどちらですか。政治評論ですか。

御厨❖政治評論ですね。日本人の伝統として、みんなで塩豆をかじりお茶を飲みながら人を評することほど楽しいことはない、というのがある。人物評論、人物月旦の伝統ですね。明治時代には、政治家だろうが、芸人だろうが、学者だろうが、人物としてその全体を論じることがあった。そういうジャンルがありました。明治の新聞、雑誌は人物月旦の宝庫です。それが専門領域の独立によって、文壇とか論壇とかに分かれてしまった。それぞれの分野のなかで人物月旦をするようになる。文壇の人物評論で有名なのは正宗白鳥、政界の人物評論は池辺三山や馬場恒吾。それが戦後、新聞の時評のなかで再生産されていく。そういう人物月旦の流れがある。政治学者は人物評論の領域には入らなかった。戦後の政治学者は、政治評論はやりますが、人物評論はやりません。そこは評論家といわれる人たちに任せた。たとえば阿部真之助とか、政治部の記者あがりの人が、政治家の人物評論をした。そこにはある種、暗黙の了解ができていて、政治部の記者は人物月旦をやり、政治学者はもう少し大所高所の議論をすると。

関川✤それも戦争の傷ですか。

御厨✤ええ、それが一つです。戦後、新しい政治家が登場するし、古い政治家も公職追放から復活してきます。その時点で、政治学のほうも、ものすごい勢いで学者の生産が始まる。昭和二十年代の政治学者の多くは、丸山眞男の影響を受けている。すると政治家個人に興味を感じるというのではなくて、日本の政治の総体を論じるという話になる。その合間を埋めるのは、政治部の記者以外にいない。新聞はだいたい昔の政治家についてもファイルをもっていますので、ストックがあったわけです。それを生かしながら、人物の評論をしていく。そこは完全に業界としては分かれてしまった。それは侵すべからずみたいなところがあるわけです。

関川✤政治学は自ら少し領域をせばめてしまいましたね。

御厨✤私たちはいま、オーラル・ヒストリーというかたちで色々な政治家にインタビューをしていますが、これに乗り出したとき、いちばん恐れをなしたのは政治部の記者たちでした。彼らにとって、その領域は最後に残された聖域です。政治部の記者はある政治家に付いて、最後にその政治家の回顧録や伝記をものにするのが最終的な目標だった。私たちが作ったいくつかの政治家の回顧録については、そうとうあちらの業界を怒らせたようです。領域侵犯だと言われました。

関川✣領域は、知らずに侵犯するものらしいですね。ぼくも以前、頼まれて初めて純文学雑誌に書いたとき、編集者が、書き手のなかに怒っている人がいるって言うんですね。関川は純文学の部外者だから目次に名前を載せるべきではないと。しかし侵すほうはそういう利権があったのだとは知らないんです。

御厨✣まったく知らない。

関川✣だいたい落ち目のほうが気にする。

御厨✣そうですね。人物評論をやらない政治学というのは、結局、人を見ません。人を見たとしてもある類型で見る。佐藤栄作は所詮、保守党の政治家で、みたいな話にしてしまう。

民主党が「化ける」可能性

関川✣戦後は政治家というのは、だいたい悪い奴がやることになっていました。佐藤栄作も悪い奴の……。

御厨✤典型です。

関川✤それも、巨悪です。そう思いこんでしまうと、だれも政治について深く考えなくなる。悪玉善玉論でかたづけて恬《てん》としている。すると、誰だって好んで悪玉にはなりたくないから、それは生来の悪い奴に任せて、政治家を志そうとは思わなくなる。優秀な青年がサラリーマンになってしまう時代、それが戦後です。いま政治家は、二世、三世ばかりです。四世までいるというのですから、老舗の家業のようになりましたね。家業の三代目というのは、だいたい売家と唐様で書くことになっているのですが。

御厨✤それは巨大な安定の構造なわけです。一族郎党が路頭に迷うよりは、二世だったらまとまってくれる。後援会による順当な世代交替が行なわれる。そうでない人間だと革命が起きるわけです。だれが上につくか分からないという状況は恐いですから。ただ、二世の政治家は一世がした政治以上のことはできません。二世政治家、三世政治家がなぜいけないかという議論はたくさんありますが、その一つに父親以上にものは見えないということがある。だいたい父親の世界でものを見るくせがついてしまっている。二世の苦しいのは、志をあらかじめ持たされていることです。乱暴さというか、知らないからやってしまうということがない。これは官僚の二世も同じ。

関川✤小説家の場合、娘が作家になることが多い。彼女たちは最初、父親のことを書くんです。娘は無条件に父親を尊敬できるんです。息子はだいたい小説家にならない。父親をのりこえられないと思うからではなく、つい父親を批評的に見てしまうからです。しかし二世の娘、たとえば幸田文《あや》ですが、幸田露伴が文に教えたのは合理的な拭き掃除です。家事全般です。文学を教えたわけではない。でも、政治家の二世の女性は駄目ですね。愛情が歪んで固着している。角栄は真紀子に拭き掃除を教えるべきだった。

御厨❖政治家の場合、後援会が息子の出馬を嘱望するわけです。お父さんの血を絶やしてはいけないとか、本当だろうかというようなことを言われて、政治家になってしまう。

関川❖そういうことは、いまの選挙区があるかぎり……。

御厨❖続きます。

関川❖つまり地域と利益が合致しているかぎりなくならない。

御厨❖ただ唯一言えるのは、今回の参院選(二〇〇一年七月)で民主党はふるいませんでしたが、いま政治に出ようと思っている若い人は、民主党なら受け入れられるんです。自民党にいくと跳ねとばされる。自民党は既成の候補がいて、ぜったいに駄目。民主党の若手は、三十代から四十代のところに、わりあい政策をきちんと議論している若手が集まっているのは事実です。

関川❖それにしてはリーダーと目されている人たちが頼りないですね。

御厨❖ぼくはリーダーを変えたほうがいいと思いますけれどね。民主党の三十代、四十代はきちんと議論していると言いましたが、困ったことに、彼らはもっとも悪い政治教育を受けてしまっているんです。平等化が滔々と進行しているところで、リーダーシップは必要ないし、エリートはいらないと。そこに落ち着いてしまっている政治家が多い。政策でも、論議すればいい政策が出てきて、論議された政策をきちんと実行するのがいい政治だと思っている。でも、それは違うんです。よく「化ける」と言いますね。

関川✤小泉さんがそうでしたね。

御厨✤政治家のような根なし草の職業は、芸能人でもよくありますが、「化ける」瞬間というのがあります。民主党の若手政治家は、その「化ける」というのが分かっていないんじゃないか。足算をしていけば、いい政治ができると思っている。

関川✤明るい学級を作る、みたいな感じですね。

御厨✤そうそう、学級会民主主義に近い。たまたま今日はぼくが学級委員長ですが、明日はまた別の人がやりましょうとなる。権力闘争が嫌いです。でも、そうではなくて、権力とともに自分が化けていくことがある。これも長年、政治学が忘れてきたことです。人について研究しませんから、化けるなんていうと、非学問的だといわれる。政治家は化けますよ。

関川✤権力闘争が嫌いというのは分かるんですね。権力闘争というのは、松本清張が描いたような汚いことと受け取ってしまっている。実際、同年輩の会社員の連中に、権力闘争をして勝って君が指導しないと会社は潰れるというと、それは分かるんだけれど、でも、もう年だからと逃げる。これは戦後の傷です。もう一つは、政治学が権力闘争をマイナスイメージだけで説明してきたせいじゃないですかね。

御厨✤民主主義を美しく謳い上げすぎた。ものすごい闘争があることを押さえこんでしまった。いまの民主党に欠けているのはそこだと思うんです。小泉さんにこれだけの支持率があるときに、民主党がやることは党首を替えることですよ。四十代を党首にすればずいぶん変わる。すると、民主党の若い世代はこう言う、「それはできない」。どうしてかと聞くと、「順番だから」と。

関川✤若い小沢一郎みたいな人はいないんですか。

御厨✤民主党の若手は、そういう意味では人間的な魅力はない。真面目だし、何か聞かれればきちんと答える。政治家になっても、できるだけ普通人として振る舞いたいという態度なのです。それは否定しませんが、私たちと何から何まで同じというのは、どこかがおかしい、と言うのです。

関川✤鳩山さんに政治指導力があるとはとても思えない。菅さんにもそれは感じませんね。菅さんはぼくと同世代なので分かるんですが、昔、ああいう人はたくさんいた(笑)。適度に左で、暴力は嫌いで、すぐに話し合おうと言ってその場をごまかす。そのくせ自分は極度に気が短い。実は本質的に非政治的人間であるわけです。ああいう人の下にいるのも政治的不幸なんじゃないでしょうか。地域政党はあってもいい。でももう一つ、利益を誘導しなくてもいい政党がなくてはいけないんじゃないですか。

御厨✣そうです。仲良しクラブ的な三十代、四十代の民主党の若手も、党首選とかをやれば「化ける」と思う。そういう場を作らなければならない。

関川✣短期的に小沢一郎を借りるというのはどうですか（笑）。

御厨✣のっとられたりして。

関川✣小沢一郎は利益誘導の政党を考えていないんじゃないんですか。

御厨✣そうですね。でも、いま地域政党的になってしまった。

関川✣それに政治評論家みたいにもなりましたね。

御厨✣党の規模が小さくなると、その規模でしか発想できなくなる。

関川✣政治学者は現実の政治にはあまり発言しませんね。御厨さんや北岡伸一さんや田中明彦さんは、現実の政治に発言されるけれど、何千人といる業界のなかでそれだけですか。

御厨✣いまは発言したくないんだと思いますよ。分からないから。

関川✣昔のことですが、美濃部さんの味方をせず、保守の肩を持つ政治学者はいなかったんですか。

御厨✣ほとんどいませんでした。そういう意味では、いま逆になっています。逆といえば、後藤田正晴さんは、いま左ですよ。『朝日新聞』の薫陶《くんとう》を受けて左になった。

関川✣本当ですか。昔、彼は警察官僚の典型のように思われていた。

御厨✣ぼくらがインタビューに行くと、後藤田さんの机の上には『世界』が置いてある。「君等はこんなむずかしいものを読んでいるのか。おれは読んでも分からんのだよ」と言うので、正直だなと思っていたら、「これが分かるのが学者か」と言う。彼の政治の原体験には丸山眞男を筆頭とする戦後政治学があるのです。その人たちが書いていたのは『世界』だった。そのイメージがある。

関川✣『世界』を読んで分からないのは、書いているほうが悪いんですよ。

御厨✣それは本当にそうです。いまは「やさしい」といった形容詞のついたタイトルの本がいくつか売れているけれど、昔は難解のほうがよかった。ほとんど直訳調で日本語として何を言っているのか分からないものをありがたがって読んでいた時代があった。

関川✣それにしても、そんな時代がずいぶん長くつづきましたね。政治学的にも面白い現象ではないですか。

御厨✣そうですね。

明治天皇があと十年生きていたら

関川✣『明治国家の完成』は日露戦争までですが、そこからは政治的に日本は違う時代に入るということですか。

御厨✣日露戦争は一つの到達点です。それ以降は違う時代になるでしょうね。まもなく明治天皇の治世も終わる。日本はいよいよ本格的に満洲に出掛けていく。日露戦争後に、文学のほうでも悩める世代が出てきますね。政治も、伊藤博文などが総理大臣をやることはなくなるわけです。桂と西園寺の政権が続く。そうこうしているうちに明治天皇が亡くなって大正天皇になる。天皇機関説が出てくる。天皇は統治しているのではなく、我々が分散して統治しているのだと。そういう世代が出てくる。帝国大学を出た多くの官僚は、それを拳々服膺《けんけんふくよう》してゆく。

関川❖日露講和反対の日比谷暴動で、突然、大衆がせり上がる印象がありますね。あれは、報道がリードしたという一面が大きいんでしょうか。

御厨❖日清戦争の頃は、ああいうことはなかった。戦争の遂行過程のなかで、庶民のうっぷんを晴らす仕掛けはあった。ところが日露戦争は、遂行するのに必死で、国民の不満を散らすゆとりはなかったんです。勝ったけれど、樺太はとれないし、賠償金もとれない。国民が激昂《げっこう》するのは分かっていた。でも、それは当時の政府が受けなければならない当然の代償であった。政府自身は、国民を戦争に駆り立て満洲に送ったわけです。国民の側からすれば、満洲は血を流した土地という気持ちがある。それが終わってみたらそんなものかというのは、だまされたようなものです。だまされたという意識は、ロシアにというよりは、日本政府にだまされたという感じです。

日露戦争は国民のなかにシニシズムを生んでいった。この人たちについていって大丈夫なのかという気持ちが生まれた。そこからさまざまな運動が発生する。やがて大逆事件が起きる。国家に対して、反国家の提示を促したのが日露戦争だった。よく言われる話ですが、シベリア鉄道でロシアが貨物列車に、武器も食料も載せてウラジオストックまで来る。日本は、空車でまた戻るだろう、と想定していたら、ロシアはそこで貨物列車を破棄するわけです。いちいち戻していては時間がもったいない。これはすごいと日本側は思うわけです。ツァー（皇帝）の戦争は敗けたことがないと、ロシア国民は信じて戦っている。明治天皇はびくびくです。

関川✤日清戦争の末期、日本人の自意識は過剰に肥大化した。ところが、自由党の壮士が李鴻章《りこうしょう》を撃った事件が起こると、逆に国民は李に同情をしめして著しく内向きになる、というか収縮する。これは日本人の特性ですか、時代の特性ですか。

御厨✤李鴻章狙撃事件は、全国津々浦々に伝わるわけです。たちどころに全国からお見舞いが届く。これは日本が狭いから可能だったのだと思います。

関川✤日本海大海戦は文字通り、国家の存亡を賭けた戦いと日本人に認識されていた。野良猫、野良犬の類まで祈っていたようでした。しかし戦後の反動はすごかったでしょうね。

御厨✤緊張感は弛《たる》むし、なんだという感じになる。明治国家はそこを吸収しないまま、大正にいく。大正期の第一次世界大戦は不戦勝みたいなものです。日本というのは、帝国主義戦争にあと乗りできたんだけれど、帝国主義戦争を完全に指導しそれを引き回すだけの力はなかった。日露戦争はそうとう無理をした。

関川✤『明治国家の完成』では、登場人物の一人として明治天皇が出てきますね。明治帝がいろんな心配をされる。もし明治帝がもう十年くらい生きていたら、また別の展開になっていたでしょうか。

御厨❖それはあったでしょう。大正天皇に変わったというのは大きい。明治天皇が生きていて、「俺はあの二つの戦争を指導したんだ」と言われれば、みんな黙りますよ。

関川❖戦後の教育では大正デモクラシーを高く評価しますが、私はそんなに肯定的に考えることができないんです。ああいうものがあったので、かえって別の道に進んだという印象さえある。

もう一つ、軍が大臣を出さないとゴネて隈板《わいはん》内閣が破産したとき、明治帝が無理やり出させますね。それは首相の主管事項ではないとしてしまうでしょう。これはのちの慣例として、憂いを残したんじゃないですか。

御厨❖残しましたね。

関川❖戦争に導いた装置は、そこにもあったんじゃないですか。

御厨❖もちろんそうです。ただ、明治天皇もそこまでは考えていなかったということなんですかね。ただ、おっしゃるように、一旦やったことは慣習として残っていきますから。

関川❖その現場でのことは十分に同情できる。しかし、前例として残ってしまうんですね。

御厨❖そういうのをよく覚えている古老がいて、古老が何かと出てきて普請をする。普請したときに、そういうのは昔の話じゃないかと無視できないわけです。全部、前例となってしまう。

関川❖そのうえ山本権兵衛や児玉源太郎クラスなら、現実の戦争を経験しているので頼りになりそうだけれど、真崎甚三郎とかが出てくると、現代の目からみてもとても信用できない感じがある。なのに権力を握る。実は私はそういう政治家の貧困について、明治から戦争までと、戦後から今日までと、同じことを繰り返しているようでぞっとするんですが。初代がそれなりに一所懸命やって、二代目が何とか持ちこたえて、三代目が何もかも駄目にする。

御厨❖そこまでいくと、慣習の力しか動いていませんから。本人がどう努力しても、その努力が報われる時代ではなくなってしまう。

関川❖その意味で、民主党の諸君にやる気があるなら、本気でやってもらわないと。三代目で日本はもう一回潰れますね。

御厨❖学級会民主主義から脱出できるかどうか。

関川❖政治学者も、助教授になるための論文を書いている場合ではないですね。

（収録二〇〇一年八月二日）

第2部

忘れがたき人々

4

ミスター・バファリンの七周忌

——御厨文雄の晩年

「ミスター・バファリン」と、そのかたは言われた。おっ、なつかしい。六年前に亡くなった父のことだ。

今春(一九九九年)、アイ・アンド・エム株式会社という、父が最晩年に携わった小さな会社の創業十周年を記念するパーティでの一コマ。今やライオン株式会社の常務となったそのかたたちが、父を直接に知る最後の年代であろうか。

バファリンは今ではポピュラーになった解熱鎮痛剤。高度成長期の真只中だから、およそ三十五年も前のことになる。アメリカはブリストル・マイヤーズという外資企業と、萬有製薬株式会社という薬品会社と提携しての解熱鎮痛剤市場への参入。ライオンにおけるその責任者としての父のありし日の姿は、やはり壮絶そのものだった。学徒動員の世代にありがちなモーレツ主義を背負って。最近、小林恭二の『父』(新潮社)と題する小説の主人公たる〝父〟に、我が父の面影を見出した。似ている、実に似ている。あり余るエネルギーをもちながら、はけ口を求めて彷徨する姿。子供と企業とにむけられた何が何だかわからない生命のほとばしるうねり。世俗的でありながら、どこか虚無的でもあってゴーイング・マイウェイ。

そういえば父は、かつての仕事仲間からは「巻尺みたいな人」と思われていたらしい。追悼文の一節にこうあるからだ。

「人は自分の物差しで相手を推し量ります。しかし貴方は一体どの位の長さの物差しを持っていられるのか見当がつきかねるところがあります。あたかも巻尺のごとくにですね。しかも目盛りがどうも一様ではないようです。1センチのところがあったり、1メートルのところがあったりしているようですね」

まことに言いえて妙だ。昨今、父たちの世代を捉えて「教養主義」の見直しが喧《かまびす》しい。その際、専ら関心は、旧制高校における〝教養〟のインプットに注がれている。

だが我が父の周辺や小林恭二の父を見るにつけて、問題はむしろそこに止まるのではなく、〝教養〟のアウトプットにありそうな気がする。

しかも戦争によるインパクトを受けたが故に、人生の歩み方が実は恐ろしく不器用だったのではないか。高度成長期の企業戦士と、ひと言で片付けてはしまえぬ何かがそこにはある。多様なアウトプットのあり方を、是非とも探ってみたいものだ。

「ミスター・バファリン」は、五十歳で外資企業ジョンソン株式会社に転じた。今でこそめずらしくはないが、一生一会社の時代にこれも驚くべき決断であった。しかしそれはまた、海軍短期現役十一期生「士交会」の同士たちに支えられた運命のなせるわざに他ならなかった。だがその「士交会」も、もはやこれまで、名簿の更新はなく静かに消え去るのみと言う。

何だかさみしいと思っていたら、今春超弩級のアウトプットが出た。日本経済新聞の名論説主幹とうたわれた武山泰雄さんの六〇〇頁になんなんとする大著『吾、事に愧じ、歴史に詫びる』（あゆむ出版）がそれだ。

その冒頭に『「吾、事に於て後悔せず」』――確か剣聖宮本武蔵が『五輪の書』か何かで言い放った凛たる言辞。こう言いおおせる人間――一体、今の日本に何人いるだろうか？　その稀有の一人に我が畏友がいた。故御厨文雄――旧海軍短現主計科士官同期中尉の彼」と書いて下さっている。

多忙な社長業の寸暇を惜しんで書いた本『営業力の時代』（PHP研究所）が、経営科学文献賞の初の実績賞を受賞したのが縁になって、父は定年と同時に山梨学院大学に第三の人生を定めた。そこでの若い学生諸君との好き勝手な交流は本当に楽しかったらしい。そしてやはりかつての仕事仲間と始めたアイ・アンド・エム。ここにも今や若い芽が育ち始めている。

そう言えばタバコが散乱していたな、あの研究室には。禁を犯してひそかに吸い続けたに違いない。まったくイタズラ小僧と同じだ。命日の十月二十一日には、今年こそ一服させてあげなければ。

（一九九三年十月二十一日逝去）

5 点景と寸言——斎藤眞先生との出会いの光景

斎藤眞先生との出会いは、いつも一幅の絵画のように、背景とともに浮かび上がる。折々の出会いの中での「点景」と、そのたびごとに語られた「寸言」を、今とても懐かしく思い出す。

最初の出会いは、一九七三年、本郷の教場における「アメリカ政治外交史」の講義である。小柄な先生が、しばしば教壇を降りて、受講者の席をぐるぐる歩きまわり、果ては空席の机のはじに、ちょこんと腰かけ、それだけで受講者を圧倒する、まさに自由自在の趣きだった。もちろんその間もしゃべりっぱなし。斎藤先生の手にかかると、遠いアメリカ大陸が3Dの如く立体化して我々の所にやってくる。「はい、どう思う?」と突然あてられたり、資料集を開かせ「読んでごらん?」と、なかなか油断できぬ講義でもあった。でも実に楽しそうにアメリカを語る先生に、歴史家のあるべき姿をいつも感じていたように思う。

次の出会いは翌年の「アメリカ政治外交史」の演習。日米関係をテーマに何冊かの本を読み、一九二〇年代から三〇年代を対象にレポートを書き報告をした記憶がある。「面白かったよ、メリハリがきいていて」の一言がとてもうれしかった。

法学部助手に採用されてからは、政治学研究会の事務のことでお目にかかり、てきぱきと事務処理をされる様子に感じ入ったものだ。そして政治学研究会のチェアマンとなられた斎藤先生は、一九七八年の私の〝助手論文報告研究会〟に際して、〝政治力〟を発揮された。法研の廊下で出くわした私の恐らくは不安顔を察してだったろう、「大丈夫、心配しなくていい、僕がチェアマンだから、変なことにならぬよう按配するから」と言われて、カッカッカと笑われた。確かにその折の斎藤先生のチェアマンシップは名人芸の如くで、〝会議の政治学〟を身をもって体験した思いだった。

都立大学に就職してからも、法研で出会うと、必ず声をかけて下さった。「元気にしてる？ そう、無理しないでね」といつも言われた。そう、斎藤先生にご家族の不幸があった直後、渋谷の居酒屋〝じょあん〟でこれまた思いもかけず先生と出会った。まったく言葉が出ない私に、「元気にしてる？ 僕は変わりないから」といつもとまったく同じ声で語りかけられた先生の顔をながめ、何ともいえぬ荘厳な感じを受けたことを忘れない。

一九九〇年代も政治学研究会の懇親会で折に触れてお会いした。御自身の著書を出された折に、「宣伝してよ、あなたは書評委員としてはエライんだから。これは売れなくては困るんだ!」とちょっとハニカミながら言われたり、逆に私が久しぶりに著書を出した時には、「あなたの今度の本、表紙が気に入った」「あれはね、ネイヴィ・ブルーと言ってね、海軍の色なの。僕はあの色が好き。だからこの本いい本だよ」と真顔で言われた後、カッカッカ。海軍主計科士官だった斎藤先生ならではのご発言。

一九九六年、『忘れられた日米関係――ヘレン・ミアーズの問い』(ちくま新書)を友人と共著で出した時のこと。斎藤先生から即座に連絡を頂いた。ヘレン・ミアーズに、一九五〇年代初頭、太平洋問題調査会(IPR)の会合で会ったことがあると言われるのだ。これは貴重な証言だった。そのことを記した私の一文の抜粋を次に掲げておこう(「ヘレン・ミアーズの奥深さ」『ちくま』一九九六年十一月号)。

アメリカ政治外交史の泰斗・斎藤眞東京大学名誉教授からは、ご自身が戦後まもなくアメリカに留学された折、一九五二年十一月の太平洋問題調査会(IPR)の会合で、ミアーズに会われたことをうかがった。ミアーズは唯一人の女性の参加者であり、占領政策批判を行なったことが斎藤先生の御記憶にあると言う。さらに斎藤先生から頂いたIPRの出席者リストを見ると、興味深い事実に気がつく。

コロンビア大学のヒュー・ボートン、ハーバード大学のエドウィン・ライシャワーというその後五十年の日米関係に決定的役割を果たした二人の知日派学者が、ジョゼフ・バランタインやジョージ・ブレイクスリーそれにハーバート・フェイスなどと共に出席している。講和独立後最初のIPRの会合だけに、錚々たるメンバーが揃っている。

そんな所にミアーズがいた！　一九四四年ならいざしらず、我々の驚きはむしろその点にある。なぜなら一九五二年のミアーズと言えば、占領政策をめぐってマッカーサーと激しい論争を行なった後、「全面講和」に「安保反対」を唱えて、アメリカ政府と真っ向から対立していたからである。これはやはりアメリカ社会の懐の深さと言うべきか。

斎藤先生との最後の出会いは、ある夏の旧軽井沢銀座。またも偶然に旧軽銀座のど真ん中で出くわした。先生は杖をついておられた。ラフな服装で、「どう、別荘、僕のところ、買わない？」と突然言われて、あっけにとられた私の顔を見て、また例のカッカッカ。「元気そうでよかったね、でも今の話その気になったら連絡してね」。直接お目にかかった最後のこの光景は、今でも毎夏、旧軽銀座を歩くたびに思い出し、カッカッカと心の中で笑ってみる……。

斎藤先生、折に触れての点景の中の先生の寸言、忘れるものではありません。すべての出会いが、必ず先生の背景をなす風景と共に思い出されます。歴史家として目標とすべき師であられました。専門こそ違え、研究対象をいつくしみ楽しむ精神を、いくばくか引き継ぐことができるようになれば、望外の幸せです。本当にありがとうございました。

（二〇〇八年一月十六日逝去）

6

畏友を悼む――坂本多加雄の幻の遺著に

とうとう、本書の著者、坂本多加雄君は自らあとがきを書く機会を永遠に失ってしまいました。五十二歳。余りにも早い旅立ちでした。残念です。

坂本君には、人も知る篤実な思想史学者としての側面と、激しい闘志を内に秘めた啓蒙運動家としての側面とがありました。彼が四半世紀にわずかに満たぬ研究者としての日々に残した十冊を越える著書群は、この二つのいずれかの面に大別できると思います。

しかし坂本君には、思想史学者と啓蒙運動家との双方に通底し、彼の表現能力の豊かさを示す今一つの側面がありました。権威を感じさせぬ自由な発想と、独特なトーンを伴う軽妙なオシャベリ。そう、生身の人間坂本に触れた人は、誰しもが彼の語りの世界に魅了されたはずです。

彼の語りは、一端口を開くや、森羅万象、人事百般にわたって縦横無尽の感がありました。なかでも映画に関する話題には、一頭地を抜いたものがありました。若き院生時代、「三百人劇場」の日本映画上映シリーズに通いつめ、「マイナーだけど成瀬巳喜男はいい」と語りだしたら止まるところを知らず、口角泡を飛ばすといった趣でした。また学習院の教師になってからのこと、シュワルツネッガーのプログラム・ピクチャーに興じていた姿が印象的でした。

かくして坂本君の映画好きは趣味の域をとうに脱し、病膏肓《やまいこうこう》の感がありました。だがこれをこのままにしておくのは惜しいと思ったのは私だけではないでしょう。坂本君の語りをそのまま本の形で、より広い読者に提供できたらとの思いを、いつのまにやら坂本君も了解したのでしょう。二年程前に、本書『歴史を知りたい日本人』の企画が進行中と聞いて、これは出来栄えが楽しみとひそかに膝を打ったことでした。うまくすれば坂本君の本領発揮の一冊となること疑いなしとの勘が働いたからに他なりません。実は坂本君が啓蒙運動に主体的に参加して以来、私は彼と少し遠い関係になっていました。

しかし運動の最中にあって、彼がこの本を構想したということは、彼自身五十歳代を迎えて、自ら次の展開を考えたからに相違ありません。坂本君が戻ってくることを私は信じました。啓蒙運動家としての経験をへて、一まわり大きくなって必ずや笑顔をたたえて「ヨッ」と一声かけてと。

だが好事魔多しとはまさにこのことです。不治の病に倒れた――坂本君は一年間そのことを周囲に隠し通し、淡々と仕事を続けていました。私もだまされました。しかしその決意はとても真似できるものではなく、立派の一言に尽きます。彼はみごとなばかりの「男」でした――坂本君を、亡くなるつい二週間前に見舞った折のことです。「何か出来ることはないか」と言った私との間で、本書のことが話題になりました。

「あの本はどうなった？」

「いやあ、福沢の解説（福沢諭吉『学問のすすめほか』中公クラシックス）のあとで、やるつもりだったんだよ。一部は手を入れたけどなあ」

「わかった。じゃ早速手配しよう。少しずつ届けさせるから、ベッドで見てくれよ」

「そうしてみるか……」

こうして本書の刊行への助力を約束した私に、別れ際握手を求めた坂本君は言ったのです。

「もう俺はなあ、君に何もしてあげられんなあ」

と。

不思議な因縁と申しましょうか、坂本君の亡くなった日に、本書の編集作業は終わったのでした。ざっと目を通して、期待にたがわぬユニークで楽しい本との印象を持ちました。これまでの坂本君の議論のあり方を彷彿とさせながらも、これからの坂本君が進んだであろう世界を垣間見ることが出来ました。

目次をご覧ください。スピルバーグの『太陽の帝国』から小津安二郎の『東京物語』まで、古今東西の話題作から、坂本君が折に触れて周囲の人間に語り聞かせたテーマ群から精選されたものばかりです。いずれも、ビデオかDVDで現在見ることが出来ます。

全部で八つの講座から成っているわけですが、好みは見る人読む人によって当然異なるでしょう。私自身はと言えば、前半の〝洋画篇〟では『タクシー・ドライバー』(第三講)、後半の〝邦画篇〟では『明治天皇と日露大戦争』(第五講)が一押《いちお》しです。

逆転逆転また逆転の『タクシー・ドライバー』。その見どころを坂本君は次のように解説しています。

トラヴィスに似た主人公を設定した日本映画が、主人公と同様に貧相でみじめったらしい駄作になってしまうのは、作り手が主人公と一体化しすぎてしまうせいもありますが、やはり、日本の引きこもりやストーカーたちには、こういう倫理観や正義感を付与しにくいからかもしれません。実際はアメリカだって似たようなものかもしれませんが、主人公を「ファシズム的メンタリティ」と設定することで、滑稽な喜劇と、悲惨なドキュメンタリーと、成功物語のメルヘンが混在した、不思議な魅力を持つ映画に仕上がったことは事実だと思います。

また、嵐寛寿郎《あらしかんじゅうろう》演ずる新東宝の『明治天皇と日露大戦争』は、坂本君の十八番でした。「正しい歴史」であるか否かよりは、「歴史的記憶」そのものが国民にとっては重要であるとの視点は、何度も聞かされたことがあります。こうした複眼的なモノゴトの捉え方は、第六講の次のような記述にも現れています。

『タクシー・ドライバー』の章で述べたように、映画に深みを与えるのは、作り手が、主人公の主観と適度な距離をとれるかにかかっています。無理やり日常世界から引き剥がされ、軍隊という男ばかりの荒々しい世界で、古参兵のイジメを受ける初年兵の主観的世界は、悲劇に満ちているに違いない。しかし、そこで一歩引くことによって主観を超えた広い世界が描けるはずです。

かくて坂本君はこの一連の講座を通して、「歴史とは、視点を変えることで様々な姿を見せるものです」(第六講)という主張を明らかにしています。それは第七講でも述べられます。

『陸軍』が全面的に戦時中の論理に従って作られたとは言えないのと同様、『破れ太鼓』もまた、全面的に戦後民主主義の論理に則っているわけではない。かといって、戦時体制や戦後民主主義を批判しているわけでもない。そのあたりの複雑さが、たくまざる「批評」になっているところが、木下の名匠たる所以です。時代と人生の関わり、公と私の関係は、単純に割り切れるものではないのですから。

坂本君は最終講に至って、思想やイデオロギーを超えた〝日常性〟を問題にします。小津安二郎の『東京物語』を「一人の人間の死を、その家族がどう受け止めて、日常に復帰していくかという、普遍的なテーマを描いた映画」と書いているあたり、坂本君自身が亡くなった今、ハッと驚くと同時に、余りにも悲しい指摘と言わざるを得ません。

その末尾で坂本君はさらに次のように述べています。

人はこの世に生まれ、出会いと別れを経験し死んでゆく。この原型がパターンとして永続されるのが、普遍的な人の歴史である、と。

日常とは、この原型の上に成り立つ世界です。われわれは、歴史を振り返るとき、どうしてもその時代に固有の事象に目を奪われがちですが、どんな時代であれ、必ず「日常」は存在したはずです。

一方で「国家」を説き、他方で「歴史的記憶」を説く坂本多加雄君の思想世界。その彼方には、「映画」という表現メディアを通して、坂本君によって生き生きと解釈された「日常」の世界がありました。「国家」-「歴史的記憶」-「日常」をつなぎあわせ、思想史を再構成する……。そんな壮大で豊饒な坂本多加雄ワールドを一瞬でものぞくことが出来て幸せでした。しかも彼のメッセージは、彼が語った『映画』が残るかぎり不滅です。

品格ある表現で一刀両断を避け、含みを残した記述の中に「歴史」の多様性を浮かび上がらせた本書こそ、彼が理想とした「新しい歴史教科書」の名にふさわしい遺著でありましょう。

（二〇〇二年十月二十九日逝去）

坂本多加雄選集 II
坂本多加雄選集 I
「死の跳躍」を越えて
西洋の衝撃と日本
佐藤誠三郎
升味準之輔
なぜ歴史が書けるか
こまが廻り出した

7

闘論を愛した保守ラディカル

――追悼・佐藤誠三郎先生

佐藤誠三郎先生が六十七歳の若さで亡くなった。感慨無量である。学生時代に駒場の「佐藤ゼミ」で決定的な影響を受けて以来四半世紀、先生の最晩年の職場で同僚として新しい大学院大学づくりをともにした弟子の一人として、師の喪失感の大きさはたとえようもない。もっとも佐藤先生はいわゆる師弟関係が嫌いで、親鸞と同様弟子をもたないことを誇りにしていたことは重々承知のうえであるが。

「僕は学問の道へ進むのに、知らなかったとはいえ、随分まわり道をしてしまいました。しなくてもよい苦労をしたわけです。先輩として君にはできるだけのアドバイスをしてあげましょう」――忘れもしないこの一言は、昭和四十七年度の佐藤ゼミの最終日、佐藤先生の研究室への道すがら、日本政治史の研究者になりたいと申し出た折、先生の言われたことであった。当時先生はハーバードからの帰国直後で、ゼミでは華麗なる議論を息をもつかせぬスピードで展開されていた。先生のゼミで、次から次へとパノラマ状にくり広げられていく日本政治の世界にすっかり魅了され、私は年来の研究者への志望を最終的に固めたのである。

この日を契機として、佐藤先生は大学の研究室やホテルのロビー、時には自宅でいつも気軽に相談に応じて下さり、文字通り全力で私の研究者への歩みを応援して下さった。会うたびに「そのためには、まず第一に……。次いで第二に……。そして第三に……」と、ゼミの時と同じ機関銃のような口調で、自らの考えを理路整然と披露された。ともすれば不安に苛まれがちであった本郷での学生生活を無事に終え、研究者の卵として助手になることができたのは、ひとえに佐藤先生のおかげである。

こうして日本政治史への道を進むようになってからも、節目節目には必ず佐藤先生のお世話になった。文字通り公私共にである。とりわけ在外研究にでかけるにあたって、ハーバード大学を推薦して下さったのは、まことにありがたかった。二年間のボストン生活においては、まったくの偶然であったが、佐藤先生がかつて住まわれていた住居からほんの数ブロック離れたベルモントの住宅地に私達も居を構え、アメリカ生活を満喫することができた。ちょうど佐藤先生の令息健志君がMITに留学する時期と重なったので、健志君ともつきあい、家族ぐるみで先生を拙宅にお招きしたり、今思ってみても楽しい一時《ひととき》であった。

学問の道へ進み大学人となってから、私が佐藤先生を範とさせて頂いたのは、後進の研究者に対する真摯な学問的対応である。佐藤先生は、後進の研究者の未熟なアイディアを、天馬空を駆けるが如く当人が考えつきもしなかった方向に展開させるのを得意とされた。陳腐な資料が佐藤先生の手にかかると、あたかもシンデレラのカボチャのように〝ビビディ・バビディ・ブー〟と変身する様は、見ていて小気味よかった。私はとても佐藤先生のように華やかにはできないが、それでも相手の論理を理解した上で何とかそれを全面的に拡げていくよう努力している。それが、駒場時代以来佐藤先生に教えを受けた者の務めだと思うからである。

知的格闘家

それにしても佐藤先生の死については納得できない思いが残った。新聞の訃報は、そろいもそろって「中曽根政権のブレーン」といった一語で先生の一生を表現しようとした。もう一語加わると「保守現実派の論客」である。

何かが違うのではないか。いやもちろん誤りというわけではない。とはいえ政権のブレーンとか保守派の論客とか、何となく手垢のついたありきたりの言葉で封じこめられてしまうほど、ヤワで平板な生涯ではなかったと思うのだ。

いったい佐藤先生をどう捉えたらピタリと合点がいくのか。碩学？　違う！　思想家？　違う！　まとめ役？　違う！　そういったお手軽なレッテル貼りを拒む強さが何かある。具体的なシーンを思い出すことからまず始めよう。そう、佐藤先生が歯切れよくしゃべりまくっているところがよい。対する相手は一般大衆ではない。何百人もの群衆相手でもない。一定程度の知的水準を満たす何らかの意味での〝エリート〟、もしくは〝エリート予備軍〟というのが第一のハードル。対談、鼎談、十人前後から多くても三十人まで。そこで濃密かつ華麗な丁丁発止の議論が飛びかうのに可能な程度に仕切られた空間というのが第二のハードル。しかもメインの報告者ではなくコメントを付す討論者としての役割を期待される。これが第三のハードル。

これらすべての条件が整った場に向かうときこそが、佐藤先生の独壇場となるのであった。だからその場は、大学のゼミでも学会の研究会でも官界の審議会や懇談会、はては財界や政界の勉強会でも何でもござれだ。しかも国際的な舞台でもいっこうにかまわない。そこに一切の差別はなしだ。どんな場合でも華麗な語り口で、古今東西の豊富な学識を天馬空を駆けるごとくに繰り出し、限定条件を付けながらも断定的かつ論理的にしゃべりまくる。

多くの人はあっけにとられているうちに、メチャクチャに打ち込まれギブアップを宣言することになる。討論というよりは文字通りの闘論か。今日流に言うと知的格闘技だが、怪しげな術や持ってまわった言い方は好まず、木刀一本さげての腰だめのめった打ちに特徴があった。その意味では、器用というより、むしろ武骨な印象をうける。

ここは実例を引くのが一番だ。もっとも〝仕切られた空間〟での議論はその場限りで雲散霧消し、後に残ることが少ない。困ったなと思っていたところ、歴史月刊誌『歴史と人物』(中央公論社)のバックナンバーのなかに、若き日の佐藤先生の時と所を得た〝快談録〟をいくつか探し当てることができた。

そもそも佐藤先生は明治維新研究から学問の世界に入った。一九六〇年から八〇年までの二十年の間に、何度か決意を固めながら、明治維新研究を体系的にまとめる機会をついに失ってしまったのは、まことに残念であった。六〇年代後半から七〇年代にかけての大学紛争やアメリカ留学の経験によって、明治維新研究をむしろ日本近代化分析の大枠のなかに相対化する志向を強めたからであろう。とはいえ前者のごく一部の論争的かつ魅力あふれるその意味で学問的香気の高い論稿は、すべて『「死の跳躍」を越えて』(現在は千倉書房)に収録されており、その強靭な論理構成力はいまなお新鮮さを失っていない。これはおそらく二十一世紀にもずっと読み継がれる息の長いロングセラーの書となろう。そして後者は、佐藤先生自らが恩師と称した故村上泰亮、そして公文俊平両教授との東大駒場時代の最良の共同研究『文明としてのイエ社会』(中央公論社)に結実している。とりわけ「第三部　イエ社会の進化」は、歴史家としての佐藤先生の発想とアイディアが随所に生かされているように思う。

さて話を元に戻そう。佐藤先生は前田愛、亀井俊介、江藤淳、田中彰、毛利敏彦ら各教授を相手に明治維新をテーマとする〝快談〟を『歴史と人物』(一九七四年十一月号)で行っている。なかでもいまは亡き前田愛教授に舌鋒鋭く迫ったシーンはすごい。

前田✣それは徳川絶対政権が……。

佐藤✣私は「絶対政権」とか「絶対主義」という曖昧な概念を使う気はないけれど、薩長ではなく幕府中心の統一政権ができても、新政府は似たようなことをやったでしょう。

前田✣しかし幕末にはいわゆる名君がたくさん出て、人格的な忠誠心が出てきたということもあると思います。たとえば水戸斉昭に対する藤田東湖とか島津斉彬に対する西郷隆盛のように……。

佐藤✣それは一般的ではなく、主君が優秀な場合だけでしょう。

前田✣江戸開城によって犠牲が少なくてすんだのは確かだけれど、大きな見地に立てば、むしろ不幸だったと私は考えますが……。

佐藤✣どうしてですか、徹底的に殺し合ったほうがよかったわけですか。そうしたら何が生れたでしょう。革命崇拝というのは、ブルータルなロマンチシズムにすぎないと思います。

一事が万事この調子で、文学者前田愛がどちらかと言えば心情的に過激派浪士や草奔の志士への思いを語ると、佐藤先生はすべてそれをピシャリと論理的にひっくり返していく。論理の混沌や不純にみえる動機、虚偽意識や偏見などおよそ知的インテグリティを保ち得ない議論には容赦なかったわけである。そこでの佐藤先生の立場は冷徹なまでに歴史内在的だ。

　この意味でのリアリズムの追求のはてに、〝知的に仕切られた空間における闘論家〟としての佐藤先生は、歴史を超えて一挙に現実政治にコミットすることになる。おそらくは現実政治のほうが佐藤先生を必要とし、放ってはおかなかったのであろう。その結果大平正芳、中曽根康弘の政権ブレーンとしての刻印は、一九八〇年代に決定的となる。実は歴史学の世界のなかでさえ率直なもの言いが多くの物議を醸《かも》したのだから、現実政治にタッチするようになれば非《ひ》難囂々《なんごうごう》たることは火を見るより明らかであった。

　そうした際の佐藤先生は、ことさらのように百万人といえども我行かんとの気概を示そうとした。「現代をきちんと語れない学者は失格です。ましてや現代に興味を持たない学者なんて言語道断です」と口ぐせのように言われたことを思い出す。その成果の一つが『自民党政権』（松崎哲久と共著、中央公論社）である。しかしそうは言っても世に受けいれられないことを、人一倍気に病む弱さをさらけ出すことがままあった。そんな矛盾のかたまりのような先生が凄く人間的に思えてホッと安堵したこともある。

〝知的に仕切られた空間〟を求めて佐藤先生の彷徨は八〇年代から九〇年代にかけて続く。何よりも先生が好んだのはサントリー学芸賞や大平正芳記念賞など学術賞の選考委員としての仕事であった。政界や財界ではいくら〝仕切られた空間〟で先生ががんばっても、知的闘論だけで決着がつかないことは明々白々だ。第一、佐藤先生自身が政治家の変節を、たとえ歴史上の議論とはいえ擁護していた。「政策を変えるという意味でなら、大久保などはその典型だが、政策を時に応じて変えてゆくのは政治家としてあたりまえのことで、もしいつまでも変えなかったら、むしろ無責任でしょう」と。そこで思わざる妥協を強いられることの代償行為として、先生は学術賞の選考に知的インテグリティのすべてを賭け続けた。正直な話、ほかの選考委員と比較してそこまで厳格にしなくても、という場面はしばしばあったように思う。だがその非妥協性が信頼感を高めたのも事実であった。

このように佐藤先生の行動様式はあらゆる点で既成の権威に挑戦的であり、たとえ〝保守派〟に憧れはしても、とてもなれず、むしろ〝保守ラディカル派〟と言ったほうが当たっていた。東大ではじめて「安全保障論」を講じて、タブーを打破し、世界平和研究所での数々の安全保障の共同研究が、学者や政・官界の実務家に与えた影響には計りしれないものがある。その一端は、駒場の「佐藤ゼミ」のOBが佐藤先生の東大退官を記念してつくった文集『知は力なり』(中央公論事業出版、非売品）のなかに窺える。自らのゼミ体験を語る際に、安全保障論のようなきわめて〃政治的〃なイシューが、佐藤先生の手にかかると学問としての〃政治学〃になることへの新鮮な驚きが綴られているからだ。

とどのつまり〃知的に仕切られた空間〃がもっと輝いたのは、研究の場であると同時に教育の場であった。優秀な実務家と学者を輩出した駒場の「佐藤ゼミ」はいまや知る人ぞ知る伝説的存在と化した。そこで、最晩年、政策研究大学院大学副学長としての佐藤先生は、夢よもう一度とばかり、この教員集団と、きたるべき学生集団に対して、〃闘論家〃として臨もうとしていたように見える。学内の委員会でも教員のトークの場でも、佐藤先生は待ち構えていたかのようにいの一番に発言し、相手を論争の渦のなかに巻き込もうとするのであった。

実は亡くなる一カ月前の入試面接の場に、受験生と〃対等〃に議論してやりこめる先生の姿があった。「疲れるけども楽しい」と言われる先生に、「受験生がかわいそうですよ」と私。すると佐藤先生は「つい夢中になっちゃって。ボクはだめだなあ。大人になれないんですよ」と続けて、「ハッハッハッハー」と例の人なつっこい笑い声を発した。人を打ち続けた木刀はもう随分ボロボロになっていたけれども、私が先生の〃知的に仕切られた空間〃に参加したこれが最後の機会だったのである。

（一九九九年十一月二十八日逝去）

日本政党史論 2
日本政党史論 3
大正デモクラシーと大陸政策
日本政党史論 4
原敬の時代
政党史論 5
西園寺と政党政治
政党史論 6

8 升味さん、とお呼びしましょう
——弔辞・升味準之輔先生

升味先生、いや、かつての都立大学の慣習に従って「升味さん」と申し上げましょう。いよいよ、お別れの挨拶をするときが来てしまいました。

今、三十数年前、都立大への私の赴任が決まっていた、やはり暑い、八月の一日、まったく偶然に東大の明治新聞雑誌文庫でお会いしたときのことを思い出しています。

升味さんは、いま、この祭壇に飾ってあるお写真とまったく変わらぬ笑顔で、やや緊張気味の私に「やあ、キミかね、升味です。よろしく」とじつに親しげに語りかけられました。

そして「キミは飲めますか。そう、じゃあ」と言って、調べ物、当時、多分升味さんは『日本政党史論』（東京大学出版会、全七巻）第五巻のための調べ物をしていたと思うのですけれど、これをすぐに片づけて、昨年末亡くなられた坂井雄吉さんとともに本郷の飲み屋にくり出し、杯を重ねることとなりました。

飲むほどに、酔うほどに、升味さんは明るく、楽しく、そして嬉しくなりました。とても良いお酒です。こぼれたお酒を自分のおしぼりで拭いては、それでまた顔を拭いて、真っ赤になるのも、そのとき以来。升味さんとはずっとそんな感じでした。

何人の人が、こうやって升味ワールドに魅了されていったことでしょう。爾来今日まで、升味先生との思い出は数々ありますが、不思議と嫌な、あるいは湿っぽい感じがひとつもありません。升味さんと大学運営上のことで意見を異にしたときでさえ、不愉快な気持ちは残りませんでした。若いころの私はずいぶんと過激なことを言いましたが、升味さんは「そうかなぁ、そうでもないよ。少なくともボクは違う」と言われ、例の人なつっこい顔でニコリと笑い「飲みますか？」と言われたことでした。

升味さんは、「私の文章を酔っぱらって書いているというが、歴史に耽溺《たんでき》しても、本当に酔っぱらっては文章は書けぬ」と書いておられます。

数々の業績のなかでも『日本政党史論』は、やはり二十一世紀になっても学会に残る金字塔に他なりません。引用の多さに人は驚きますが、「ヒュッと引用してそれで決まるかどうか」と常に升味さんは述懐しておられました。

学問を、楽しくこなす姿が私の脳裏に焼きついて離れません。ときに理屈にならぬ感情をむき出しにして、「だって彼は六高で一緒だったんだ。だから総理にしたいの。主義主張？　そんなモノ関係ないの」。『日本政党史論』を貫く升味さんの学者精神と違うではないか、と素面のときも、酒席のときも、あのときはみんなでワーワー言ったものです。

でも、ああいうときの升味さんは、決して、言うことを変えませんでした。「学問と人生は違ってよろしい、そんなキミ、それが一緒だったらどうする？　そんなことはない」。いまでも升味さんの声が聞こえてくるようです。

生涯、一大学と決めた升味さんの晩年はこれまた清々しいものでした。十指に余る大学から定年後の誘いを受けたと聞いています。「でも、断った。そんなキミ、大学の運営なんて、都立だけで沢山。他所に行ってまではなぁ、それに講義もイヤになった」。かくて升味さんは六十三歳で都立大を辞すると、大学人としては珍しい天下の素浪人、いや、むしろ自由人になられましたね。

執筆意欲は少しも衰えることなく、『比較政治』（東京大学出版会）、『昭和天皇とその時代』（山川出版社）を古希までに公刊され、卒寿を迎えたころに『なぜ歴史が書けるか』（千倉書房）を出され、升味節の健在を示されていました。

文章に苦労した、と升味さんは言われますが、なんの、なんの、達筆の文章でした。時にストーリーテラーと称されることもありましたが、ある時期それは、イデオロギーが語られず、学問としては如何なものか、という解釈の仕方でありました。のちには、厳密な実証を損なうものと批判されもしました。しかし二十一世紀の今、そのどちらもがピント外れだったことは言うまでもありません。

とうとう八十歳になってしまった。こんなに生きるとは思わなかった。老後も長期化し、どうしたものかと考えている。ここ数年、升味さんからいただいた私信の何とも言えぬユーモラスな文体、あるいはこの文章、升味さんの表情が浮かぶような一言一句です。

升味さんは、保守合同と社会党の統一を一九五五年の政治体制（五五年体制）という風に名づけられましたし、それから戦前の政党政治、憲政の常道というものを表すときに西園寺公望を「人格化されたルール」と、やはりおっしゃいました。そういう一言一句ですね、これ素晴らしいものがあったと思います。

升味さんが入院されたとの、奥様からの連絡で、ちょうど一週間前の今日です、病院へ伺いました。奥様がちょうど席を外されたときに、私は顔を出しました。そのときの升味さんは、病人とはとても思えない、まん丸のままの、神々しいお顔で、「やぁ、来てくれましたか」と、それからは次から次へとしゃべりづめ、とても楽しいひとときでした。

帰り際に「握手をしよう」と升味さんは手を出され、しっかりと握った升味さんの手はとても厚く、暖かくて、そしてつよい感じがしました。元気そのものでした。「逆にエネルギーをもらってしまいましたね」と私は答えたことを覚えています。

おそらく、この一週間足らずのうちに、何人ものひとが、升味さんから生きる力をもらったと、私は信じています。

升味さん、ほんとうに楽しかった。あなたのような方に出会えて、私の人生はじつに豊かになりました。これからも、あの当時の仲間たちと升味さんの学問と人生を語りついでいきたいと願っています。

では、升味さん、あちらでもお元気で。さようなら。

二〇一〇年八月十六日、元号を好まず西暦に徹した升味さんを思いつつ、かつて都立大学の政治学総合演習を共にした一人として。

御厨貴

（二〇一〇年八月十三日逝去）

第3部

原風景へ向かう旅

自民党政権
巣鴨日記
笹川良一
情と理
下
後藤田正晴
講談社
情と理
後藤田正晴
講談社
坂本多加雄選集I
坂本多加雄選集II
日本陸軍と大陸政策
北岡伸一著
「死の跳躍」を越えて
政策の総合と権力
御厨貴
御厨貴
明治国家をつくる
国家とは、何か。
権力の館を歩く
御厨貴
東京
首都は国家を超えるか
御厨貴
天皇と政治
近代日本のダイナミズム
御厨貴

9

平成の首相官邸

――『首相官邸の決断 内閣官房副長官 石原信雄の2600日』を読み解く

官邸と官房の実態

内閣官房とは何か。首相官邸とはどんな所なのか。政策決定の中枢と通常言われながら、実態は明確ならず、イメージもなかなかわきにくい。はなはだ不得要領の機構であり部署である。そのことは今年(一九九七年)になって喧々囂々《けんけんごうごう》、マスコミの間で専ら喧《かまびす》しい〝橋本行革〟においても変わらない。すなわち〝橋本行革〟で内閣機能の強化がくり返し叫ばれ、その結果、行政改革会議が一府十二省庁の中間報告案をまとめ上げた段階(一九九七年九月三日)でも、なお同じなのだ。

従来の内閣機能を格段に拡充強化するとのフレコミの下に、新たにイメージされた総合調整機関としての「内閣府」、そして総合戦略機関としての「内閣官房」。さらに地方自治および人事組織の管理機関としての「総務省」。結局は二分されたとは言え、首相直属の機関として大官房の色彩はなお濃い。この三組織が織りなすトライアングル・ゾーンに運用の妙があることは確かだ。だが総合調整といい、総合戦略といい、聞こえはよい言葉だが、現実に何をどう決めるのか、一歩踏みこめばそこはやはり闇の中だ。〝言葉の行革〟、ふとそんな気さえする。なぜならこの手の内閣機能の強化は、歴史を遡れば、はるか彼方に思える一九三〇年代の昔から、くり返し議論されている事実があるからだ（拙著『政策の総合と権力』東京大学出版会）。

今後はたしていかなる成案に落ち着くか、現段階ではまだまだ不確定の要素が強い。だがいずれにせよ、ここは温故知新のことわざ通り、これまでの内閣官房のあり方をじっくり聞いておく必要があるのではないか。そのための格好の歴史の証言者、それが他ならぬ元内閣官房副長官石原信雄氏なのである。

首相官邸にあって、いわゆる「政」と「官」との接点に位置しながら、「官」の側に身を置くのが「内閣官房副長官」だ。もっとも官房副長官は二人制である。一人は官房長官と共に「政」の側にいる「政務」の副長官、そして今一人がここで注目する「事務」の副長官ということになる。

石原氏は五五年体制爛熟期である竹下内閣の官房副長官に就任。その後、宮澤内閣の官房副長官として五五年体制の崩壊に立ち会い、さらにポスト五五年体制模索期の官房副長官を細川内閣から村山内閣まで務めた。在任実に七年四カ月。これは五五年体制下ではもとより、戦後新憲法体制における最長レコードと言ってよい。その意味で、言わば生き字引とも言える存在の石原氏の証言を通して、官邸と内閣官房の実態に迫ったのが本書の内容である。

後藤田正晴氏が語る内閣官房の実態

そこで本稿では石原氏の証言に即して、内閣官房の実態について解説を付すことにしよう。まずは「官」のトップたる官房副長官とは何かを明らかにせねばなるまい。そのためには、そもそも内閣官房とは何かについて触れる必要があろう。実はこれまでのところ、この点についての情報公開を最もよくこころがけているのは、後藤田正晴氏である。後藤田氏は、内務省出身という点で微妙に(石原氏は戦後分割後の自治庁入庁)、そして官房副長官の経験では文字通り、石原氏の先輩にあたる。

田中(角栄)内閣の官房副長官から政界入りし、中曽根内閣での名官房長官ぶりをうたわれた後藤田氏の三部作(『政治とは何か』『内閣官房長官』『政と官』いずれも講談社)を参考に見ていこう。

後藤田氏は内閣官房を「閣議事項の整理や内閣の統一保持上必要な総合調整などの事務を掌るもの」と定義し、それを総轄する官房長官を「内閣の組織の要《かなめ》の存在」と述べる。したがって「内閣官房長官の場合は、行政への取組み姿勢とか、個人のパーソナリティに裏打ちされた全人格的な影響力が強く反映されることになり、その結果、内閣官房長官の行動のあり方によって内閣のもつ雰囲気がつくられていく」

つまりここで官房長官のイメージは、限りなく首相のイメージに近くなる。首相も官房長官も法律上の権限は小さい。それ故に実は、事実上の政治的影響力が決定的にものを言う。「平たく言えば、いわゆるまとめ役とケンカを仲裁する権限だけだ。各省庁がもっているような本来固有の権限は何もない。その結果、官房長官の仕事はまったく相手次第ということにもなってくる」と後藤田氏が語る所以である。

そして後藤田氏は中曽根行革(官邸強化)後の内閣官房の組織について、次のように簡潔にまとめている。「こうした内閣官房長官の行動を支えるのが、二人の内閣官房副長官(政務、事務)と内閣参事官室、内閣内政審議室、内閣外政審議室、内閣情報調査室、内閣安全保障室、内閣広報官などの内閣官房の組織である。このほか、内閣総理大臣の最も身近な存在であり、その耳目となり、手足となって行動する内閣総理大臣秘書官の存在も見逃すことはできない」。

では次に、このように中曽根内閣下で一応の制度的完成に達した内閣官房を、事務方のトップとして石原信雄氏がどのように切りまわしたか。その証言をきいてみよう。官房副長官が主宰する事務次官会議のあり方について、こう述べている。

「普通の次官会議というのは閣議の前。閣議が火曜日と金曜日ですから、次官会議は月曜日と木曜日。それは翌日に閣議に出す案件を一応全部、確認するわけです。だから、普通は次官会議は、一種のセレモニーです。そこで大喧嘩するようなことはありませんから。ただ、そこをスムーズにやるためには、その前段で、前の日までにきっちり話をつけておかないといかんということなんです。ときどき、法案なんかで、各省間で意見が合わなくて反対する役所が、次官会議の場で発言するようなこともあります。だけど、私は、それは絶対だめだと。そんなにいうなら、その前の日に俺のところにこいといって、事前に調整し合いました、ああいう会議で、各省の次官が全員揃っているときの会議の場で、議論を始めたら、関係のない次官はえらい迷惑しちゃうんですよ。みんな、それぞれ、忙しい日程を持っているわけですからね。だからセレモニーだというけれども、セレモニーにしないと他の省が迷惑するんですよ。本当に議論があるのは、関係する省庁だけなんだから。それは一晩でも二晩でもやればいいんですよ。その省だけで。あるいは、必要があれば官邸の中に入ってもいいんだけど。そのため、全省庁がつき合わされるのは、かなわんですからね。そういうやり方をしないんです」

長くて三十分、普通は十五分から二十分で食事と共にすませる事務次官会議のセレモニー性について、当事者でなければわからぬ証言である。また首相との接触度については、官房副長官は定期的に首相に報告する義務はない。外務・大蔵・通産などの各省事務次官及び内閣情報調査室長が定期的に首相に説明するのと、その点で対照的である。その上で石原氏は次のように言う。

「官房副長官が総理と接触する頻度は、官房長官によってうんと違いますよ。たとえば、いまの梶山静六さん、中曽根内閣の後藤田さん。この人たちはかなり実務的な問題まで含めて、官房長官が総理と相談している。そういうときは官房副長官が総理まで行って、直接ご指示を仰ぐとか、意見を申し上げるという機会はあんまりないんです。むしろ、官房長官のところでとまるんですよ。それは本来、それでいいんですから。

ところが、官房長官によっては、それをやらない人がいる。一番典型的な例は海部内閣のときの坂本三十次《みそじ》さんです。坂本さんはほとんど、総理のところに行かなかったですから。というのは、河本派の中では坂本さんのほうが（海部さんより）格が上だったんです。だから、坂本さんが内閣にきたときに、『海部君、海部君』といっているわけです。そうなると、総理のほうも官房長官は、けむたいわけです。派閥の中で自分より上だった人だから。ただ、官房長官としてきている以上は……。だから、政府与党首脳会議などのときはもちろん一緒になりますけれども、それ以外は、坂本さんは、あまり総理のところに行かなかった。用があれば、向こうからきたらいいだろうぐらいな感じなんですから。

そうすると官房副長官は、年がら年中総理のところに行かないといけない。直接、総理が何を考えているか、総理の意向を承っておかないといけないし。こっちからも申し上げておかなければいけないというのはしょっちゅうですから。私はですから、海部内閣のときは本当によく総理室へ行っていました」

では、官房副長官自らが調整を手がける課題にどのようなものがあったか。石原氏の回顧によれば、対内的には竹下内閣の各省庁一機関地方移転、対外的には海部内閣のＰＫＯ法制定などが事例としてあげられる。前者は総論賛成各論反対で、案の定、各省の抵抗が強かったため、石原氏は各省次官と膝詰め談判で引導を渡したと言う。それでも出先機関は成功したものの、各省ＯＢをかかえる特殊法人はうまくいかなかった。石原氏は次のように述べている。

「私は、恨みっこなしで全部を地方に出したらいいじゃないかという主張なんですけど、まず大蔵省が輸銀・開銀は地方に行ったんじゃ仕事にならないというわけです。そこで輸銀・開銀がだめだとなると、あとは、農林漁業金融公庫もだめだ、農中もだめだ、ＪＩＣＡもだめ、そうなると自治省だって、公営企業金融公庫もだめという話になっちゃって、金融関係の特殊法人は、日本銀行が東京にある限り地方はだめというような話で、正直言いまして、十分な成果が上がらなかったですね」

後者のＰＫＯ協力法については、外務省専管にせず官邸で引き受けて成功したと石原氏は述懐する。枠組み作りは外務省だが、中身の実動部隊は全部防衛庁所管だから、官邸が直接のまとめ役にならぬ限り折り合いはつかなかったのだ。栗山尚一外務次官、依田智治防衛次官と石原氏の三人で基本的枠組みについて、ようやく妥協点を見出したという。

このように各省の枠を超える問題の調整をはかるにあたって、各省次官と丁々発止とやり合うわけだから、官房副長官は事務次官経験者でなければ到底務まらぬことになろう。もっとも各省庁間の枠を超える問題が、質量ともに増えたのは、そうそう古い話ではない。同時にそれについて官房副長官に調整が委ねられるようになったのも、この四半世紀のことである。田中内閣時の後藤田副長官の登場がその画期であり、それ以後国際化が進むにつれ、各省の枠にはまらぬ問題が飛躍的に増加していった。

歴代官房副長官のプロフィール

では、そもそも官房副長官は、いかなる歴史的系譜をたどって今日に至ったのだろうか。五五年体制下の官房副長官について検討しておこう。五五年体制成立後最初の副長官は、鳩山(一郎)内閣で起用された田中栄一氏である。内務省出身の田中氏は戦後長く警視総監を務めたが、経済統制畑(地方局系)であった。戦後は公安警察畑(警保局系)が追放されたため、警察の主流は地方局系で占められたのである。吉田内閣以来、やはり世上騒然たる感もあり、この時期の内閣としては、公安情報の入手が最優先の課題であった。したがって副長官には警察出身者があてられたわけである。

しかし続く岸内閣は、官房副長官のみならず内閣官房全体の機能について試行錯誤を繰り返した。三年余の在任中、一年ごとに首のすげかえを行なったことに、それは明らかである。まず愛知揆一長官・田中龍夫副長官・岡崎英城副長官の最初の布陣で驚くのは、副長官が二人とも政務で事務を置かなかったことだ。この人事で最も注目に値するのは、戦前警視庁特高部長を務め戦後追放された後、代議士として復活した岡崎氏の副長官への起用である。追放にさえあわなければ、岡崎氏こそ警保局系の主流を歩んだはずであった。岸首相の戦前派的な感覚を如実に示す人事とは言えまいか。

こうして政務でありながら事務の役割をも期待された岡崎氏は一年後、鈴木俊一氏と交代する。赤城宗徳長官に、政務は元外務次官松本俊一氏、事務は自治庁次官鈴木俊一氏を配する体制は、穏健な組み合わせと言える。昭和二十四年以来、ほぼ十年を経過した戦後官僚制の一応の安定に鑑みた人事であった。同じく内務省出身とはいえ、岡崎氏とは異なり生粋の地方局育ちで警察とは無縁の鈴木氏の事務への起用は、内閣官房のあり方を考える上でドラスティックな転換である。しかも鈴木氏は、二十五年以来地方自治庁次長、自治庁次長、そして自治庁次官と、名称の変更と規模の拡大こそあれ、一貫して事務次官会議の出席者だったからだ。

だがこの体制で、岸首相は自ら安保改定の前哨戦と位置づけた警職法改正に失敗する。そこで鈴木氏が東京都副知事に転ずるのを契機に、一年後再度体制の一新をはかる。椎名悦三郎長官に、政務は松本俊一氏(留任)、事務は当時代議士落選中の小笠公韶《おがさこうしょう》氏の布陣である。椎名、小笠両氏ともに商工省時代以来の岸人脈であることから、これは明らかに安保改定シフトであることがわかる。

このように岸内閣時代の内閣官房は、岸首相の政治的目標達成のために、頻繁に人事のいれかえが行なわれたのであった。しかし結果としてみると、必ずしも、岸首相の思惑通りに内閣官房が機能したとは言えなかった。

池田内閣は池田首相はもとより、大平正芳氏、黒金泰美《くろがねやすみ》氏と続く歴代の官房長官も池田直系の官僚出身者で占めた。したがって政務・事務ともに官房副長官は文字通り官房長官の補佐役としての地位に止められた。そもそも第一次池田内閣では、副長官は政務二人が起用されている。小川平二氏が事務方のまとめ役だったのであろう。

続く細谷喜一、石岡実両氏は二人とも戦前の内務省警保局系の出身で、細谷氏は香川県警察部長、石岡氏は警保局特高課長の経歴を持つ。追放解除後、細谷氏は民間からいきなり副長官に、石岡氏は九州管区警察局長から官房入りし、内閣調査室長を経て、副長官に昇格した。さらに石岡氏は佐藤内閣にも留任し、在任期間は石原氏に次ぐ六年の長期にわたっている。このような池田・佐藤両内閣における公安出身者の副長官への起用は、やはり七〇年安保を見据えてのことであった。

こうして副長官が公安情報専務とされたため、政策に関する事項は内閣官房において、共にマスコミ出身の伊藤昌哉(池田首相秘書官)、楠田実(佐藤首相秘書官)の両氏が相次いで専ら担うことになった。またこの間、昭和四十一年には内閣官房長官が国務大臣に昇格したため、政務の副長官にも首相派閥の若手の有望株があてられることが慣習化していく。もちろん佐藤内閣の官房長官にも、いずれ劣らぬ実力者が就任している。とりわけ保利茂長官－木村俊夫副長官(保利大長官のため長官よりの降格人事)の時代が制度的には最も安定していたと言えるのではないか。

七〇年安保乗り切りを象徴するかのように、昭和四十五年一月、副長官は石岡実氏から小池欣一氏にかわる。小池氏は厚生省の出身であり、本省課長から官房入りし、長く官房総務課長及び首席参事官を務めている。この佐藤内閣末期の副長官人事は、もはや公安情報の元締め役たる要件が必ずしも必要なくなったことと、同時に事務次官会議の運営など内閣官房の実務を知悉《ちしつ》している人材が必要になったことを意味している。

すでに述べたように、田中内閣と後藤田正晴氏の官房副長官就任は、内閣官房の機能を画期的に変えていく。田中首相は、これまでの大蔵大臣や通産大臣の経験からいって、官僚制を従来の枠を超えて縦横に機能させるために、知恵と力を集中する拠点を必要とした。それこそが他ならぬ内閣官房であり、中心には官僚中の官僚をすえねばならなかった。戦後警察の主流であって自治省にも顔がきき、さらに前警察庁長官として他の事務次官とも堂々とわたりあえる後藤田氏は、その意味で田中首相がイメージした副長官にぴったりとあてはまる人物であった。

副長官として後藤田氏は各省の枠を超えた問題解決の方法をとった。たとえば日本列島改造論が華やかなりしなかにあって、後藤田氏は各省局長クラスを集めて各省横断的な「後藤田マシーン」と称する政策勉強会を開いている。ここでの土地問題の検討の成果が、やがて田中内閣による国土利用計画法案上程の動きとなって具体化していった。

このように事務方の副長官として各省横断型問題解決の手法を模索する中で、後藤田氏は政界転出のため川島広守氏と交代する。川島氏は警察畑で後藤田氏の後輩にあたり、警察庁警務局長から官房入りし、内閣調査室長の任にあった。基本的に後藤田氏の路線を引き継いだ川島氏は、三木内閣でも留任。

その後ロッキード問題が喧しくなった昭和五十一年五月、三木首相はようやく自前の副長官の起用にこぎつける。内務省出身で戦後厚生省に移り厚生事務次官から、さらに環境庁の初代事務次官を務めた梅本純正氏である。三木首相にとっては、田中内閣の環境庁長官時代以来の仲であった。総じて三角大(鈴)福中の時代は、これまでとは異なり、官房副長官の任期は、内閣の任期と軌を一にすることになった。また後藤田氏以来ほぼ事務次官経験者のポストとして固まり、さらに梅本氏以来、警察庁以外の旧内務省系の次官経験者の起用が不文律となった。福田(赳夫)内閣の道正《どうしよう》邦彦氏(労働次官)、大平・鈴木内閣の翁久次郎《おきなきゆうじろう》氏(厚生次官)、中曽根内閣の藤森昭一氏(厚生省課長・環境庁次官)、いずれもその例にもれない。しかも翁、藤森両氏は、内閣官房への出向期間が長く、その時代に、後藤田氏の薫陶をうけている。

周知のように中曽根内閣は異例にも、次期内閣の骨格を決めて余力をもって退陣した。竹下登氏を首相、安倍晋太郎氏を幹事長、宮澤喜一氏を副総理兼蔵相として指名。石原氏の証言によれば、中曽根首相－後藤田官房長官のこれまた指名により、自治事務次官経験者としては岸内閣の鈴木俊一氏以来、久方ぶりの官房副長官となった。

石原信雄氏の経歴

そこで次に石原氏のキャリアに即して官房副長官までの道を明らかにしよう。石原氏は東大法学部の学生時代から「官」一筋と思いを定めていたわけではない。石原氏が卒業したのは昭和二十七年、朝鮮戦争の特需後の不景気の時代にあたり、厳しい就職状況下であった。石原氏は次のように当時を回顧する。

「ふつうの学生と同じように、なるべく月給の高いところに入りたいと思って就職活動をしていました。当時は繊維関係がよかったんですね。いちばん月給の高かった企業は倉敷レーヨン、月給が一万二〇〇〇円。その次が三井鉱山。そんなところがトップクラスで、あとは財閥系企業がよかった。しかし、私は学校の成績がよくなかったですから、あっちこっち試験を受けたけれども全部、ダメでしたね。で、公務員試験を受け、そっちが受かっていたので、公務員になったんです」

民間企業がダメだったから公務員へということだ。だが、民間‐大企業に縁がなかったのには、面接における石原氏の態度も影響していたようだ。当時、就職の面接において学生は、必ず二つの踏み絵をつきつけられた。石原氏の場合は、みごとに二つとも踏みはずしたのだ。

一つは共産党の非合法化に対する賛否であった。

「私は別に共産党のシンパでもなんでもないけど、ただ憲法の条文を読むと、それは無理じゃないか……大体そう答えたら『ダメだよ』と言われてしまった」

もう一つは保安隊と再軍備についてであった。

「私は学校で習った通り、それは憲法九条からみてとても許されないと、堂々と再軍備はいけないと答えたんです。それですぐ『結構です』と断わられました」

というような有様だったらしい。このように新憲法の解釈に忠実だった石原氏は、民間をはねられ、公務員しか行き場がなくなったのである。ではどうして自治省の前身である地方自治庁に決まったのか。

当時、戦前の内務省は解体されてバラバラになっていた。とりわけ警保局とならんで戦前の内務省の中核だった地方局は、地方自治庁と地方財政委員会と全国選挙管理委員会の三つに分割されていた。当時、この三部署は、国家公務員試験合格者に、もう一つ、地方公務員幹部候補者試験を課し、共同採用の形をとっていた。なぜこんな二重の手間をかけたのか。

「バラバラになった各セクションが、日本が独立を回復したら内務省を復活しようという気持ちを持っていたんです。その中心になって動いていたのが、都知事だった鈴木俊一さん、読売新聞に行かれた小林与三次さん、文部大臣をされた奥野誠亮さん。内務省解体当時の若手、中堅だった人たちです」

石原氏によれば、彼らの内務省復活への夢がもう一つの試験に託されていたのだ。

「内務省は戦前から地方との交流を主にした役所なんです。そこで将来の内務省の幹部要員をとりあえず地方公務員の幹部として採用しておこうと。そういうねらいがあったと思うんですよ」

石原氏はその試験を回顧して、「戦前の高等文官試験の行政科のような科目でした。要するに○×じゃダメだというんで、論文試験で、結構むずかしかった。私は大学の成績はあんまりよくなかったけれども、旧内務省関係の共同採用試験はよくできた」と語る。

その石原氏に最終的決断を促したのは、旧制第二高等学校の先輩で大蔵官僚を務めた愛知揆一代議士のアドバイスであった。

「愛知先生は内務省が復活すると思っていたんでしょうね。内務省がいいよというわけです。それで、そのうち地方財政が非常に重要になる。これがいちばん問題なんだよと話をしていました。学生諸君はみんな大蔵省へきたがるけれど、大蔵省は軌道に乗っていて、決まった軌道を走るだけで面白味がない。ところが地方財政はこれから制度を作っていかなければいかんところだから、地方財政がいちばんやりがいがある、と大変熱心に言われまして、結局愛知先生の言葉が最終的な決め手になり、地方自治庁に行くことに決めたんです」

やがて自治省で地方財政のプロとして頭角を現わすことになる石原氏にとって、愛知揆一氏のすすめはまことに運命的だったと言ってよい。

幹部要員としての石原氏の仕事は、まず茨城県庁で始まった。といっても県の仕事ではなく、当時全国知事会で地方制度改革素案の作成の中心にあった友末洋治知事の秘書官的役まわりを担ったと言う。税制・財政など地方制度一般の調査のため、石原氏は大蔵省の高木文雄、渡辺喜久造、正司啓次郎ら主計局の各氏、それに田中二郎東大教授のところなどによく顔を出していたと言う。

「ふつうのかけ出しの役人としては、大変恵まれた勉強の機会を与えられたわけです。役所の関係者、学者関係、相当幅広く意見を聞いてまわったものだから顔を知ってもらって、あとになってそれが随分役に立ちましたね」

実務を通じて付き合いの幅を広げることは、たしかに重要である。言うまでもなく石原氏が自治省の、ひいては内閣官房のキーパーソンになるためのそれは必要条件でもあった。

自治官僚としての石原氏

最初の地方勤務を終えた石原氏は、昭和二十八年自治庁財政課に戻り、ここで占領後の制度改革をめぐって課長だった奥野誠亮氏の薫陶を受ける。占領下の制度の見直しを、土日もなく二四時間態勢で役所の近くに泊まりこんでの文字通り「すさまじい生活」であったらしい。財政課で三年間鍛えられた石原氏は鹿児島県の課長職として再度地方勤務となる。そして、六〇年安保の真っただ中、昭和三十五年六月に自治省に復帰する。安保についての石原氏の実感は次のようなものだ。

「私はいわゆるノンポリですから、いいの悪いのという考えはありませんでした。ただ私も行政府にいた人間ですから、安保条約をやめるわけにはいかんのじゃないかという感じを持ってはいました。しかし役所の窓の下を通ってワーワーやっている人に反感はなかったですね。『ああ、ご苦労さんなことだなあ』というぐらいの、そんな程度の……。行って応援するほどの気持ちはもちろんありませんでしたが」

こうした石原氏の安保観には、四年間の鹿児島県勤務が大きな影響を与えていた。

「鹿児島は後進県としての貧しさが切実でしたから、早く、東京や大阪のような繁栄した団体に追いつきたいという考えが切実でした。県議会の議論でも、安保の議論はほとんどなかったですよ。県議会では財政論議ばかりでしたね」

石原氏の帰任と同時に自治庁は自治省に昇格。諸先輩念願の内務省復活への一つの道標となった。石原氏にとってはそれは何よりも「一人前でない役所の悲哀」からの解放にほかならない。外局の自治庁であるかぎり、極端な話、いかなる案件も、総理府の役人が納得しないかぎりハンコを押してはくれなかったからである。「自治省設置法が通っていちばん先に考えたのは、一つの省になれたうれしさよりも、あの総理府令の厄介な説明から解放されたことのほうがはるかにうれしかったです」という、体験に根ざした発言になる。

自治省に戻った石原氏は財政課課長補佐となる。在任期間実に八年。仕えた課長は五人。いまだにこの記録は破られていない。このときの最大の問題が、昭和四十一年の地方財政制度の改革論議だった。国の財政と地方財政との整合性を主張した自治省の中心にいた石原氏は、その過程で田中角栄蔵相から福田赳夫蔵相への大蔵行政の転換の機微を経験し、村上孝太郎、谷村裕、鳩山威一郎ら主計局育ちの各氏と柴田護財政局長の論争をフォローしていく。

地方財政をメルクマールとしながら、各省とりわけ大蔵省との調整役としての石原氏の本領が発揮されるのは、この頃からである。だから昭和四十二年岡山県に部長職で四年間三度目の地方出向に転じた後、本省課長ポスト二つを経て、四十八年には財政課長としてカムバック。オイルショック時の地方財政に対応して五十一年には財政担当審議官となる。ここでも課長三年審議官三年計六年である。先の課長補佐時代と合わせれば合計十三年の財政課勤務ということになる。これはやはり本来ゼネラリストとして養成されるはずのキャリア官僚としては、異例の事態ではないのだろうか。

「そうですね。私のように財政に長くいた者はいませんね。財政課長補佐は普通三年ぐらいじゃないでしょうか、私がもうそろそろ代わるような話が出てくる頃になると、課長が代わっちゃったんですよ。新しい課長は自分が慣れるまではいろという話で、それでもういいだろうという頃になるとまた課長が……」

このパターンは、内閣官房副長官在職七年余という後の記録保持の例によく似ている。石原氏自身「まったく内閣と同じですよ」と述べているのだから。同時に「財政課は大蔵省や各省とのつばぜり合いになることが多かったですからね。そのときに慣れた課長補佐がいたほうがいいということで置かれたんでしょうね」ということにもなる。

ともあれ、地方財政を軸に大蔵省をはじめ各省との調整役を十三年務めたことは、人を知るという意味に加えて、他省庁との調整の機微を知るという意味において、内閣官房副長官への二つめの必要条件を満たしたと言えるだろう。

さらに昭和五十四年税務局長になった石原氏は、森岡次官の急死により官房長に転ずる。これは石原氏にとっても意外な人事だった。

「私は官房の仕事をあのとき初めてやったわけですから。私はだいたい野戦部隊のほうばかりで参謀本部の仕事はあんまりやったことがないんです」とこのときのことを語る。

もっとも石原氏は、財政畑が長かったためか、地方との人事交流や予算獲得という官房長に固有の職務に苦労することはなかったらしい。むしろ日のあたる財政局に対する他局のやっかみを客観的に理解でき、人事面と予算面における各局間のバランスへの配慮をなしえたことが、官房長経験によって得られたプラス面であった。そしてこれがまた三つめの官房副長官への必要条件を形成したことは疑いえない。

中曽根行革の下で自治省花形の財政局長を務め、まもなく、官僚人生としてはあがりである自治事務次官に登りつめる。同郷群馬県の先輩であり内務省の先輩でもあった中曽根康弘首相は、さまざまな問題で直接、石原氏に指示を与えたという。こうして中曽根‐後藤田ラインにその存在を知られたことが、官房副長官への十分条件となったことは言うまでもない。

拡大する官房副長官の権限

石原氏の官房副長官就任は、満を持してのことにほかならなかった。自治省財政畑で長く他省庁との調整に骨を折った経歴は、歴代官房副長官の重要なキャリアパスの一つとも言える内閣官房への出向経験がないことを、補って余りある経験だったに相違ない。

そしてまた石原氏が自ら述べるように、最強の基盤を持った竹下内閣の官房副長官（事務）としてスタートを切ったのは、何よりの幸運であった。当時官房長官が三人いると揶揄《やゆ》されたように、竹下（首相）‐小渕（長官）‐小沢（副長官［政務］）は、完全に与野党含めた国会ルート、官僚ルートを掌握していた。「政」の優位の確立である。したがって石原氏はごくかぎられた範囲の縦割りの調整と、消費税問題をめぐるマスコミ対策、昭和天皇崩御にまつわる諸問題への対応など、本来「官」が処理すべき領域に自らの役割を極小化することができた。その上でやがて竹下首相の指示待ちにとどまることなく、一歩先を少しずつ読みこんで行動するようになる。

これですべてが順調に行けば、中曽根内閣の藤森昭一官房副長官と同じように、大過なく「官」のトップ役を果たし終えるはずであった。だが好事魔多し。リクルート・スキャンダルが燎原《りょうげん》の火のごとく燃え広がると、これはいかに官邸が頑張ってもどうにもならない。官邸はまるごと世間に対する適応不全を起こし、「政」が自壊する形で竹下内閣の幕は下りたと言ってよい。

続く宇野宗佑内閣は、党内基盤の問題などが話題になる以前に、成立当初からピンク・スキャンダルにまみれてしまった。その面では石原氏は竹下内閣の末期同様、やはり適切な対応をなしえなかった。ただし竹下首相とは異なり、宇野首相個人があまりにも「政」の内外で孤立してしまったがために、逆に官邸内部では官房副長官がリードできる余地が生まれた。選挙での出番を作るというささやかな行為が、首相あっての官房副長官からの微妙な変化の片鱗と見ることができよう。

これが宇野首相と同じく派閥の領袖《りょうしゅう》でない海部俊樹首相となると、否応なく官邸とりわけ官房副長官の重みが増していく。とりわけ海部内閣では、日米構造協議、湾岸戦争、PKO協力法案と次から次へと対外関係の案件の処理が出てくる。外圧あり危機管理ありということになれば、「官」が従来から蓄積してきたノウハウはまったく通用せず、一挙に〝荒技〟が必要とされる事態に陥る。

ここで海部内閣下の官邸は、党側の小沢幹事長の指導力を背景に、急速にせり上がっていく。すなわち、竹下内閣のように伝統的に国内問題の調整と処理に長けていた石原氏自身が、急速に国際問題に関する国内的な調整能力を発揮することになるのだ。

まずは日米構造協議という形で、次いで湾岸戦争という形で、アメリカの外圧が日本の縦割りの「官」そのものの処理能力を問う事態を一挙に引き起こしたことが、逆説的にせよ官邸の対応を容易にした。続々と決断を迫られる案件は、各省ではこなし切れず、官邸以外に引き取り手がないのだ。かくて官房副長官の守備範囲も必然的に肥大化せざるをえない。自民党(小沢一郎幹事長)と内閣(橋本龍太郎蔵相)という「政」が、官邸の「官」の領域の拡大を促しつつ、懸案処理をはかるわけである。

結果として、熟慮が絶対に許されない緊急事態の陸続《りくぞく》たる発生が、官邸主導の政策決定を現実化していった。しかし「官」はまたその限界をもよく心得るだけの理性を見失わないのに対し、「政」は時として錯覚に陥る。官邸の主人たる海部首相が文字通り自らのリーダーシップを過信して「政治改革」と心中してしまったのはその意味で象徴的である。

宮澤内閣はPKO協力法案の国内処理に見事に成功する。ここでは石原氏自らが自民党を助けて野党対策に走りまわっていることがうかがえる。本命総理を迎えて本来ならば官房副長官のテリトリーは再度縮小の方向に向かうはずだったに相違ない。しかし党務・閥務をもっとも苦手とする首相だけに、竹下内閣当時まで後退することは石原氏にしてもとうてい想定できなかったであろう。

このように官房副長官と官邸とはせり上がったまま、石原氏は余人をもって代え難しとの殺し文句に殉ずる形で、官房副長官の職にますます精励することになった。

「政」への冷静な目

こうして官邸と官房副長官は、次第に「政」と「官」の狭間にあって、現実の政策決定にかなりの影響力を持つようになる。統治という舞台の上で、官邸がせり上がっていかざるをえないのは、やはり国際化の進行によるところで、縦割りの各省庁では解決できない新しい政策課題が増えたためである。海部内閣の日米構造協議、湾岸戦争、そして宮澤内閣に引き継がれたＰＫＯ協力法、ウルグアイ・ラウンド、天皇の訪中問題と続く。

ウルグアイ・ラウンドは農林水産省、訪中問題は外務省の担当とは言いながら、いずれも宮澤首相の決断なしには動かない。それにたとえ宮澤首相が決断したとしても、中曽根元首相のようなリーダーシップや竹下元首相のような安定した党内基盤を欠いている以上、官邸が宮澤氏を実質的にサポートする状況は増えたと言えよう。また竹下内閣以来四年を超えた官房副長官としての石原氏の在任期間と、豊富な経験による重みとが相俟《あいま》って、宮澤首相をしてしばしば石原氏の意見を尋ね、協力を要請する場面が出てきた。

そんな宮澤首相に対して、石原氏は好印象を持っている。永田町の風土には馴染みにくいが、言葉のセンス、身につけた教養などで卓越していると評する。日米包括経済協議に臨むクリントン大統領に、宮澤首相がクリントンよりもオーソドックスな英語で「数値目標」の非なることを諄々《じゅんじゅん》と説いてきかせるシーンに、何よりも首相としての風格を感じたというエピソードは、実に興味深い。

しかし「風格ある」宮澤首相は、国内問題－政治改革法案で海部内閣と同じくまたしても足をすくわれる。この点に関する宮澤首相と梶山静六幹事長の微妙な協調関係について、石原氏の証言は言い得て妙であろう。実のところ宮澤首相はまったく主導権を発揮できなかったし、またその気も十分にはなかったようなのだ。

それと同時に不信任案提出に見られるように、いったん政治化した状況になると、事務方は官房副長官を筆頭に、政治から行政を遮断するために総退却を開始する。「我々は事務方ですから政治の場には一切入りません。これは鉄則ですから」という石原氏のきっぱりとした言い方は象徴的だ。あたかも「政」からの延焼を防ぐために、シャッターを勢いよく下ろすような趣がある。

そう言えば、海部内閣の解散問題に関する石原氏の証言にも同様のことがうかがえる。海部首相の解散決意に基づいての具体的準備と、閣僚の賛否の票読みまでは協力するものの、賛成者が圧倒的に少ないことが明らかになった段階で、「官」はそれ以上には絶対に踏みこまない。「もうダメだなと思ったら、スーッとこう、何となく総理の退陣の流れになったんですね」との石原氏の言は、その意味でまことに至言である。

宮澤内閣ではどうであったか。不信任即解散という宮澤首相の胸中をすぐさま読みとった石原氏は、迷わず解散の準備に入る。自民党離党によるさきがけ、新生党の結成という政治状況をあくまでも横目でにらみながら、事務方は「官」としての立場に徹して選挙に臨むわけである。したがって自民党の比較第一党という選挙結果を受けて、石原氏がなお宮澤内閣が続くと思いこんでいたとしても、何ら不思議ではない。いずれにせよ官房副長官はたとえ願望的思考であれ、相当程度最終段階に達するまでは、現政権が少しでも長く続く見通しを常にもって行動することになる。

非自民連立政権の下で

では非自民政権 - 細川内閣の誕生に際して、石原氏はなぜ官房副長官に留任したのであろうか。石原氏の語るところを仔細に読むと、その理由はひとえに人間関係と政治改革法案の成否にあったことがわかる。自治省時代を通じて、石原氏は細川護熙《もりひろ》首相や武村正義官房長官と旧知の仲であった。しかも非自民政権の八党派を結びつけている絆は、まさに政治改革法案の成立にほかならない。だとすれば、政治改革法案が二度までも挫折の憂き目にあった経緯を最もよく知っている人物の起用が、ことの成否のポイントになろう。そのためのキーパーソンと言えば、石原氏をおいてほかに誰がいようか。

このように政権交代という政治状況が続く中で、「政」と「官」の機微《きび》がわかる統治のプロフェッショナルが石原氏の説得に動くことになる。後藤田正晴氏の登場だ。そこで後藤田氏のみならず宮澤前首相にまで〝やむをえざる留任〟を説得されてしまった石原氏は、もっぱら政治改革法案成立までの含みでの留任と述懐している。しかしことの真相の理解のためには今少し深層にまで分析のメスを入れる必要があろう。すなわち少しでも政治の実相がわかる人であれば誰もが、非自民政権の成立により「政」と「官」との関係が従来通りでなくなることを予想し、危惧したに違いない。

「政」が「官」に不当に介入する。あるいは逆に「官」が「政」を自らの言いなりにコントロールする。――事実どちらについても、政権発足後、日いまだ浅いうちに具体的な形をとって現実に起こったことは、記憶に新しい。そして今なおそれらの後遺症に悩まされているのが現状とは言えまいか。もっともこの時点では「政」と「官」の間でいかなる衝突が生ずるかはわからなかった。しかしそれをできれば未然に防ぎ、そうでなくとも可能な限り深刻化させないで解決するためには、官邸が強力な政治指導を発揮せねばならない。そのためには、官邸の中においてさえ従来よりは「政」よりも「官」の力が増大していかざるをえまい。ある意味で、「官」のリードを許す余地を残さなくてはならないのである。

石原官房副長官に対して、「政」と「官」の機微を知る統治のプロフェッショナルが期待したのは、このような高度に政治的配慮を必要とする役割を石原氏が充分に理解したうえで果たすことにほかならなかった。他方、石原氏はと言えば、政治改革法案に象徴される政治・行政あらゆる面の〝改革〟に自らの立場を重ね合わせることによって、渋々ないしいやいやではなく、むしろ積極的に細川内閣の運営に携わっていくことになる。事実、羽田孜《つとむ》外相以外誰一人として閣僚経験者がいないという前代未聞の状況の中で、石原氏は今日明日の日常業務からすべてをリードしなければならなかった。「内閣の運営をどうするかをご存じの方は一人もいないわけです」と石原氏自ら述べるような状態なのだから、〝門前の小僧〟よろしく官房副長官は格別意識せずともフル回転を余儀なくされたのである。

その過程で石原氏は早くも閣僚選考の段階で、相談を受け意見を具申している。これまでには、まったくありえなかった事態だ。かくて一定の距離を保ちながら、現政権をサポートする立場から、「官」が「政」をリードする場面が生まれることになる。

だが同時にまた官邸の中に「政」による「官」への介入ともいうべき事態も起こる。細川首相による田中秀征首相補佐と成田憲彦政務担当秘書官の起用による軋轢である。細川首相は定員と予算という「官」の常識をまったく無視して、首相補佐という新ポストと二人目の政務担当秘書官の設置が自らの権限において可能であると考えたらしい。「一国の総理が一人の補佐官も任命できないんですか……」「一人くらい何とかならないんですか」とたたみかける細川首相の言には、彼の「政」と「官」のイメージがよく表われていると言えよう。

結局成田氏の場合は、総理府の定員を借りてとりあえず内閣調査官に任命することで、田中氏の場合は、法的には無権限の政治家を事実上官邸に常駐させるという形で、石原氏は解決する。硬軟両様で、いずれも「官」がよく使う手段とも言えよう。だが石原氏が語っているように、細川首相木戸御免の無権限者田中氏は、「政」の立場から官邸がリードする内政外交の案件にかなり明確な影響を与えている。その結果、たとえば国連の常任理事国入りに関する積極的な意見表明の演説で、外務省と田中補佐の対立を収束するために、石原氏が用意したのが例の一句となった。すなわち、「多くの国が望むならば」という条件の一句を付したことで、国内マスコミの一部から非難も随分うけたが、これに田中氏とて決して満足はしていなかったことがわかる。

田中氏以上に明らかに「政」が「官」に介入した事例が、通産省の内藤正久局長を熊谷弘大臣が更迭しようとした事件である。この件に関しても、当初石原氏はかなり強く疑問を呈したらしい。最終的には内藤局長自らがやめて一件落着となってしまったため、閣議了解をとるための理由づけが何であったのかわからずじまいであるが。

分をわきまえる「官」

ところで官邸がリードする領域が拡大したとはいえ、石原官房副長官が深くはタッチできなかった政策課題が二つある。第一は政治改革法案をめぐる最終段階での政治的妥協であり、第二は国民福祉税の提案と撤回である。石原氏の回顧を詳しくたどっていくと、実は二件とも小沢一郎代表幹事と武村正義官房長官との対立の顕在化に、端を発している。石原氏にすれば、小沢氏は竹下・海部内閣以来、武村氏は自治省以来の旧知の仲であり、二人の政治手法についてもよくわきまえている。普通に考えても、与党の幹事長と内閣の官房長官が正面を切って対立するようになれば、およそのものごとは進まなくなろう。

「この内閣を維持していくうえで、官房長官と代表幹事は頻繁に会って意見交換をすべきではないかと思っていましたし、そういったことを私は官房長官にも申し上げていました」と石原氏が述懐するくらい、小沢氏と武村氏はお互いに会っていなかったのである。そのことを裏からいうと、おそらくは石原氏がかろうじて代表幹事と官房長官とのかすがいの役割を果たしていたのではないか。二つの「政」の対立を官邸の「官」が、できる限りつないだという点で、石原氏は当初「政」と「官」の機微を知るプロから期待された役割を着実に果たすことになったに相違ない。

結局、小沢・武村両氏とも政治改革法案の成立には賛成だったため、細川・河野（洋平自民党総裁）会談での妥協成立にいたる。石原氏は「あの大胆な妥協は、総理なり小沢さんの決断があったんじゃないでしょうか。……その劇的な妥協は、ほとんど自民党案に近い形で飲んじゃったわけです」と振り返って語る。しかし同時に「あれは少なくとも、官邸というか行政のレベルは超えたものです。完全に政党次元で妥協したということです」と言い切る。どこまでいっても、やはり究極の決断のところで、「官」には「官」の分をわきまえる一線があるということだ。

その究極の一線を超え、「官」が「政」をコントロールしようとしたのが、国民福祉税問題ではなかったのか。「官」は「官」でも、これは官邸が入りこむすきがない文字通り大蔵省の一人芝居だった。そもそも武村官房長官が明確に反対である以上、官邸は積極的には動けない。したがって石原氏も自ら調整にのりだしたことはないと述べている。とはいうものの海部内閣の九〇億ドル拠出決定の経緯を知る石原氏には、これは湾岸の再来に思えた。小沢 - 公明・民社 - 大蔵省ラインとくれば、Uses of History（歴史の活用）の格好の事例と言ってよかろう（R・ニュースタット、E・メイ『ハーバード流歴史活用法』三嶺書房）。結局は石原氏の言をひくまでもなく、武村 - 社会・さきがけの反対をあまりにも過小評価したために、彼らは墓穴を掘ることになった。したがって本件は、Uses of History の失敗事例である。

対外関係と危機管理

対外関係と危機管理の問題は、いかに処理されたか。細川内閣から羽田内閣にかけて緊迫化した北朝鮮の核査察の問題は、わけても重要であった。現実に海上封鎖が生じた場合、憲法の制約の下で日米安全保障条約をいかに運用するか、具体的には何も詰められていない状況であった。

湾岸戦争の危機があってなお、こういう問題を考える発想も組織もないのである。その意味でこの時期に、石原氏が防衛庁や外務省に議論の必要性を示唆したのはまことにスリリングであった。おそらく、非自民の改革政権という背景と、石原氏が長年にわたり培ってきた信頼感の二つがあってはじめて、「所管の省庁への注意の喚起」という形で、危機管理の具体的方策を検討させることができたに相違ない。特に細川内閣では社会党が政権の一翼を担っていたわけであり、湾岸戦争以来の小沢代表幹事がいるとはいえ、相当きわどい決断であったろうことは容易に想像がつく。

その際、石原氏が言葉を選んで慎重に証言しているように、「政」と「官」を、そして「官」と「官」をつなぐ官房副長官のサジ加減が最も重要になってくる。そこで官房副長官の判断の基礎となるのが、中曽根内閣時代に官邸強化の一環として設けられた「合同情報会議」に他ならない。各省が様々な筋から仕入れた情報を持ち寄って、この会議の場において相互に交換する。石原氏は次のように語っている。

「情報をお互いに報告してもらって、それでいまの事態がどこら辺にあるか、何が問題かを判断する。これが事務の官房副長官の仕事なわけです。副長官は、それぞれがもってきた情報を全部聞いたうえで政府としてなんらかの対応が必要であれば、これは官房長官と総理大臣に報告し、状況によっては内閣安全保障会議を招集する。そういう流れになるわけです」

まさに官房副長官に熟慮断行が必要とされる場面ではないか。「政」に報告して指示を仰いで正式に対応するのか、それとも「官」に非公式に議論を続行させるのか、いやまったく何もしないのか……。こうした官房長官の決断と行動を、ともするとスパイ映画もどきにおどろおどろしいもののように描写したがる向きもないわけではない。しかし石原氏のインタヴューから浮かび上がってくるのは、むしろ慎重な上にも慎重な手続きを踏み、「政」と「官」の関係をできる限り明確にし、「官」の独走を抑制するタイプの指導のあり方に他ならない。それでも国家の安全のために、官邸が積極的に関与せざるをえない課題であることも確かなのである。

さて「政」と「官」の連携プレーで見事に成功した事例として石原氏自らが積極的評価を与えるのが、細川内閣におけるウルグアイ・ラウンド交渉の妥結である。石原氏はここでも改革派としての細川首相の姿勢が、コメ問題については宮澤前首相よりも柔軟であったと振り返る。その点に関してはむろん小沢代表幹事も同様であり、この時期以後細川・小沢両氏と何かと対立する武村官房長官も「止むなし」という形で、ギリギリ許容範囲内にいたようだ。反対派の多い自民党が野党にまわったものの、従来は農水省の態度がこれに連動して硬かった。その上、今回は自民党よりも強硬な反対派を抱える社会党が政権与党になっていたのだから、そう簡単に片付くゲームでなかったことは言うまでもない。

こうした中で石原氏は細川首相の意を体しながら、官邸主導でウルグアイ・ラウンド妥結への道を模索していく。その過程で石原氏が第一に評価するのは、省益論ではなく大局論に農水省の舵取りを変えた京谷昭夫次官の存在である。「最後は人です」と述懐する石原氏の言は重い。人と言えば強硬反対派の社会党をやはり大局論に変えたのも、村山富市委員長‐久保亘《わたる》書記長のコンビであった。深夜の社会党中央執行委員会の議論と締切り時間のサバ読みのエピソードは、すべてを見通した上で「鳴くまで待とうホトトギス」といった観の、余裕ある官邸の態度を想起せずにはおれない。

結果的にはこれは官邸主導下のパーフェクト・ゲームだったのであろう。石原氏が「ウルグアイ・ラウンド交渉の妥結は、これは政と官が一体となって動いた話ですからね。あのときは私も嬉しかったし、感無量でした」と手放しの所以である。しかし、対外問題は途切れることなく続く。次は細川‐クリントン会談で争点化した政府調達の問題である。どうやら石原氏は、海部・宮澤内閣以来たび重なる対外問題処理の経験を積むことにより、細川内閣の時代に、官邸主導の型を生み出したと言ってよい。このケースはまさにそれに当たる。

対外問題が対内問題（各省省益問題）にすぐ転ずる限りにおいて、常に外務省ではなく官邸が出馬する。「政府調達について各省を説得しようとしたら、外務省の説得ではダメなんですよ。各省みんな反発しちゃうんです」と述べる石原氏。なにゆえか。外務省は対内問題については不勉強で認識不足との不信感が各省に根強くあるからだと言う。外務省と建設省を督励しながら、日米両国の落とし所を探っていく石原氏の姿を彷彿とさせるものがある。

そこでも石原氏は、建設省の伴襄次官の態度を評価する。先の農林次官と同じく建設次官もまた大局派だったからである。「事務次官を務めるほどの者は、そこの見極めがつく人じゃないといかんと思いますけどもね」との石原氏の言には万感の思いがこもっている。前述したUses of History（歴史の活用）の観点からいえば、これらの政策事例の積み重ねと定型化こそが、成功事例として扱われることになる。

確かに省益を完全に離れて各省の事務次官は存在しえない。しかし省益の議論を戦わせているうちに、国家全体の利益が見えてきた場合、どちらに従うか。その点では選挙に当選を左右される「政」の議員たちよりも、身分保障の厚い「官」の役人たちのほうが、本来はフレキシブルなはずだ。そこに実はたえず生じる官邸と各官庁との二つの「官」の間における微妙なせめぎ合いを、どういう制度的枠組みの中で処理していくかという問題が存在するわけで、それこそが、〝橋本行革〟の最重要課題の一つに他ならない。

村山内閣への逆説的な意味での高い評価

しかし時に細川首相はまた気まぐれに見える行動をとる。前述の政務秘書官や首相補佐官の起用もそうであったが、これは官邸のサポートで事なきをえた。だが日米会談における木内(昭胤《あきたね》)特使の起用は、官邸すら関与できなかったという点で決定的であった。アメリカ事情に暗い元大使を友人というだけの理由で起用する。それは当然総理大臣の権力とリーダーシップを意識した細川首相の決意の現われではあった。だが結果は、ミゼラブルとしか言いようがないものとなった。ことは、裸の首相は無力ということを再確認するだけで終わってしまったのである。

時系列的に言えば、細川内閣は、ウルグアイ・ラウンドと政治改革に立て続けに成功したあと、国民福祉税、日米会談そして内閣改造と、これまた立て続けに失敗を重ねる。しかし石原氏は、二月以後も細川首相はやる気まんまんであったと語る。内政も外交も政府もすべて自分の手で変えたいとの意欲は少しも衰えなかったという。それだけに、四月の細川首相退陣表明は唐突なのであった。

もっとも細川退陣には唐突な印象があるものの、羽田後継はごく自然の流れと石原氏には感じられた。周知のように〝改新騒動〟で社会党が政権から脱退し、少数与党政権として羽田内閣が成立する。

竹下－宇野－海部と三代四年間半ば自動的に留任した後、宮澤・細川両内閣の際には退任を決意していた石原氏は、羽田内閣にはごく当然に留任する。「まったく性格の同じ内閣が続いた感じだったからと言う。しかも社会党の復帰まちの実質暫定内閣と羽田首相も石原氏も考えていた。石原氏が、社会党のために大臣ポストをあけておくのは事務上好ましくないと述べた点に、官房副長官の貫禄をみるのはうがちすぎであろうか。その後不信任案提出をめぐっての解散から総辞職への過程と、羽田・小沢両氏の対立は巷間伝えられている話と変わらない。村山首相の誕生は、官邸にとっても驚天動地のできごとに他ならなかった。現政権の継続という願望的思考が、ここでもまた発揮される。だが今度という今度は石原氏も官房副長官を退く決心を固めた。

その石原氏の決心をまたも覆させたのは、まずは同郷の山口鶴男氏の説得である。山口氏の殺し文句は「ここはもう、とにかく私《わたくし》を捨てて、総理も好きでなったんじゃなくて私を捨ててなったんだから、あんたも私を捨てて協力してくれていいじゃないか」であった。村山氏も「自分と同じく私を捨てよ」との言いまわしで頼みこんでいる。

だが、細川内閣誕生の時と同じく、「政」と「官」の機微を知る統治のプロフェッショナルとしての石原氏への期待は社会党以上に自民党にむしろ強かったのではあるまいか。社会党出身の「政」（首相と官房長官）と、官邸外のもう一つの「政」たる自民党と、「官」との統治のトライアングル構造の要として石原氏の存在は考慮されたに違いない。何をするかわからない社会党の「政」に対して、もう一つの「政」たる自民党としては、直接対峙するよりは、ベテランの「官」を経由することで、無用な摩擦をさけ統治のコストを下げようと考えたのである。さっそく決断を迫られる安保容認論と自衛隊合憲論。この二つは、社会党にとってのレゾン・デートルともいうべき高いハードルであった。社会党首相はもちろん自・社・さ三党政策合意に基づいてではあったが、石原官房副長官のサポートよろしきをえて、政権発足直後にこの大転換をなしとげてしまう。「時間が経つとかえって切り出しにくくなる。このことを私は申し上げたんです」。どうしてか。石原氏は地方自治体における政権交代の例をあげ、言いにくい話は一番最初にすべしと進言している。進言の成果はさすがに見事な効果をもたらした。

村山内閣には、首相のリーダーシップは期待されず現実に発揮もされなかった。首相自身が「官」に全面的に頼るという状況の中で、自・社・さ連立の「政」は分裂と離脱をともかくすべて回避するという方針を堅持し続けた。それはこれに先立つ二代の非自民連立政権の轍を踏まぬためでもあった。

何でもやりたがり、首相権力の行使を常に考えていた細川氏。それとおよそ対照的で何にもやりたがらず首相権力の行使は万事控え目であった村山氏。「政」からの頼られがいのある「官」として石原氏は、村山内閣と社会党について逆説的な意味で評価が高い。その真意は次の述懐の中にうかがうことができよう。

「連立を経て、かつての社会党が大きく変わりましたね。しかし、また不幸なことにそれが社会党の支持基盤を壊してしまって、今度は大敗を喫したということですが、ただ、かつての教条主義というんでしょうか、国際情勢も我が国の社会経済情勢もお構いなしに、昔の主張をそのままおうむ返しで言っているよりは、国民にとってはいい意味での変化だったと私は思います」

「政」と「官」のはざまに漂う官邸の生態

七年という歳月は何をもたらすか。生き馬の眼を抜く政治の世界にあって、それはやはりあまりにも長い。そうなると常に〝引き際〟のタイミングをはかる石原氏に対して、やめさせない力、引き際を与えない力が働いたとしか思えぬ状況が次から次へと出現した。首相官邸の方が石原氏にすっかりなじんでしまって、石原氏に辞めるきっかけを与えない。

これはもう政治の魔力である。官邸にはあたかも官邸の意思が存在する如く、石原氏個人の〝思い〟を翻弄することになったからだ。

しかも今度という今度は、都知事選出馬ということでデッドラインがはっきりと示されている。おまけに鈴木俊一都知事は、一九九四(平成六)年十二月一日にさっさと引退表明をしてしまった。何とか特殊法人の整理にカタをつけた石原氏を襲ったのは、翌九五年一月十七日の阪神・淡路大震災だ。この危機管理を不充分ながらも終えた後、石原氏はようやく激職から解放された。

石原氏は証言のまとめとして、時系列的な話を横断する形で、現在進行形の〝橋本行革〟にも参考になるような六つのテーマについて語っている。官房副長官の「歳時記」、官邸の記録の存在、閣議と閣僚懇談会、官房副長官の適性、官邸設備が決定に与える影響、そして内閣官房の機能強化。日本の権力中枢たる首相官邸。平成の語り部、石原信雄氏の詳細なインタヴューからは、「政」と「官」の狭間に常に漂う首相官邸の生態が浮かび上がってきた。中枢たるべき館《やかた》が必ずしもいつも中枢ではありえず、中空となる危うさについても鋭い指摘があった。

そしてなお確かに、〝橋本行革〟の成否にかかわらず制度改革は避けられない。だがいかなる〝制度〟も、運営の是非は〝人〟次第である。そこにまた〝制度〟か〝人〟かの永遠の議論のトビラが開け放たれる。もっとも人材枯渇気味の「政」の世界、そして同じく「官」の世界に、いかに適材をリクルートできるかが、二十一世紀へむけての日本の政治・行政をめぐる最大の課題となろう。

10 後藤田さん、あっぱれ

――『情と理　後藤田正晴回顧録』誕生秘話

今から二十年近くも前のことである。オーラル・ヒストリープロジェクトの立ち上げに忙しい頃、国土事務次官、総合研究開発機構（ＮＩＲＡ）理事長などを歴任された下河辺淳さんがふともらされた一言がある。「戦後史を語るのには絶対に後藤田さんがふさわしい。機会があったら是非ね。いつでも紹介しますから」。

そうか。後藤田さんか。でも難しそうだなあとの思いが先に立った。タカ派、能吏、警察官僚。それだけで「おっかない」とのイメージがうえつけられる。

一九九五（平成七）年、準備が整ったわがオーラル・ヒストリープロジェクトは、後藤田さんを最初の一人にと考えた。下河辺さんの紹介を得て、衆議院議員会館の一室に赴いた。ドアをあけると陳情の人々で満杯であった。思わずわが方にも緊張感が走る。そうか我々の依頼も陳情の一つだな。会館の入り口で用件を記す際、やはり陳情に○印をつけてよかったのだ……などとどうでもよいことを考える。

すると秘書の方の合図で、奥に通されることになった。部屋に入ると、後藤田さんはきつい目付きで我々をじっとみつめられる。やはりこわいじゃないの。「あなた方ですか、私のことを聞きたいと言うのは。下河辺君から聞いています。では早速始めましょう」。後藤田さんはスラスラとしゃべり、さあどうぞという趣きである。

あっ、ちがうんだ。オーラル・ヒストリーのこと、何もわかっておられない。そこで汗をかきかき当方の説明が始まる。後藤田さんの公的生涯をまるごと伺いたい。月一回二時間で十回位、いやもっと回数は重ねるかもしれない。こちらも一方的にしゃべる。

後藤田さんは再びじっと目をこらして「わかりました、あなた方の言うことはね。しかし僕にはよくわからんなあ。何で僕なの。僕のことをそんなにぎょうさん聞いて何の役に立つの」と言われた。いや、歴史の真実を明らかにするため、是非とも先生に伺いたいのですとか何とか、頭の中が真っ白になりながら、あたふたと説明をくり返したように覚えている。

ややあって後藤田さんは、「僕にとっては何のためにもならんが、とりあえず思っていることを言うわな」と切り出され、あとはおそらくオハコの話であろう、自らの政治家体験のさわりの部分を笑いをまじえながら、二十分間、みごとに話された。そして「はい、終わり」。えっ、これで終わりではないのですよ、これから始まるのですから。

あせった当方は、「では次回は、生い立ちの頃からということで」と迫る。びっくりした後藤田さんは、「今、しゃべったやないか」。いえいえ、当方は必死にくいさがる。せめて次回のアポイントだけでも。後藤田さんは相変わらず、何をしに来たのだねという表情は崩さず、「ではもう一回。質問の趣旨を事前に出して下さい」と言われた。

安堵する当方の顔を見て、「何のためになるかがわからんのだ」とくり返す後藤田さん。これが最初の出会いである。ハラハラドキドキの連続であった。今思い返しても冷汗が出る。

オーラル・ヒストリーがまだ世の中にまったく知られていない十数年前のことだ。しかもわが方の説明も、きちんと理路整然とはいかない。後藤田さんの疑問にうまく答えられない。何のためにって、それは学問・研究のためでしょう。でもこれでは答えになっていないなあ。

皮一枚で何とかつながった二回目。勇んで参上した我々を前に開口一番、「あれからさんざん考えた。でもわからんのだよ。なぜ僕なのか。だからおことわりしようと思う」。ええっ、逆転また逆転だ。後藤田さんに語り部、そう歴史の語り部になってもらうことの意味、戦後史を語って頂くことの意味、一所懸命説得し続けた。ここでおめおめと引き下がったら、オーラル・ヒストリープロジェクトは総崩れ間違いなしだから。

やや沈黙があって、「僕の生まれはね……」と後藤田さんの回顧が始まった。よかったよかった。顔をあげると、秘書の方がニコリとされた。自らが語り部になること。あくまで自らの記憶に頼るのだから誤りも含まれること。すぐに公表しないこと。もっとも後には「僕がいなくなったらええよ」とおっしゃって下さったが――。こんな法三章的な口約束で、三十回近くに及ぶオーラル・ヒストリーはスタートしたのであった。

一カ月一回二時間、陳情時間にくいこむのだから、その間待っている陳情客には、終わって出てくると、いつもこわい顔でにらまれた。もっともである。二時間も陳情している太《ふて》え奴等だとその顔に書いてある。歴史の語り部という陳情なのです、お許しあれと心の中でわびながら、さっさと部屋を後にするのが常のことであった。

少し打ちとけてきた頃、「何を考えているのだ君たちは。それはオーラル・ヒストリーとは何の関係もない。僕はおことわりだ」と叱声《しっせい》をあびたことがある。まだオーラル・ヒストリーの基本型が定まらず、試行錯誤する中で、徳島の選挙区にフィールド・リサーチをしたいと申し出た折のこと。今思うと引退するか否かの決断をされる時期で、そんなところにわが方がうろちょろしたら面倒が増える。しかも当方のやや遊び半分の図々しさを察知されたのだろう。わが方は即座にあやまり、詫び状を改めて提出してようやく御勘気《ごかんき》がとけた。

質問状はA4一枚に五、六項目をあげて、必ずオーラルの日の十日から二週間前に届ける約束になっていた。一度だけわが方の怠惰で一週間を切るタイミングで出したところ、「約束違反、ダメ。アポイント取消」を宣告され、平あやまりにあやまったこともあった。

しかし語り部としての後藤田さんは、回を追うごとに熱をおびてくるのがわかった。政界を引退され麹町の事務所に移られてからは、この仕事をライフワークのように考えて下さったのではないだろうか。我々が赴くと、「おー、よく来た。よく来た。また難しいことばかり聞きよって」「さぁ準備ば出来ましたかなぁ。これはね、こういうことなんです」と、実に楽しげに話されるようになった。

こうして後藤田さんのオーラル・ヒストリーに脂がのってきた頃、霞が関界隈では、後藤田さんの命による、昔の出来事についての調査依頼が出まわり、私の友人からも「おマエのせいで大変だぞ」と言われたことがある。

ある時、警察時代のことで、「ようやくわかった。かなわんがな、あんた方の追及はきびしいから」と言われた。どなたに調査を依頼されたのかと聞くと、「えっ、そりゃ警察庁長官に電話したのよ」と涼しい顔をされる。そりゃ大変ですね、でもどうして長官なのですかと当方の愚問。「長官しかもう知らんのよ」そうかそうか。でも事実確定のため霞が関に依頼をされる手間をかけられるなど、後藤田さんはこの仕事に熱中された。その時は「後藤田機関」の再来かもしれぬとちらりと思った。

こんなこともあった。ある日、後藤田さんの所に伺うと、何だか様子が変なのだ。ややあって後藤田さんはおもむろに口を開いた。「最近人が来てなあ、問題があると言うのですよ」。ほら来たぞ、またカミナリか。「いや石原信雄さんがな、『中央公論』か何かで、誰かがインタビュアーになって、官房副長官時代のことをしゃべったらしい」と後藤田さんはよどみがない。何と意地悪な。誰かってそれは私ですよ、私。「それでな、関係者が来よって、あれは国家公務員法の守秘義務違反の疑いがあるから、僕に何とかしてくれいと言うんだよ」。このあたりから後藤田さんは、笑いをかみ殺しているかにも見えた。でも困ったな。ええい。こういう時は先手に出よう。それで石原さんに何かおっしゃったのですか、と私。

来たなとばかり、表情を一挙に崩された後藤田さんは球を打ち返す。「きみ、そないなことができますかいな」。ハァと当方はとんまな応対だ。「きみ、私が何歳だと思います。もう八十歳を超えたジジイだよ」。ハイハイ。「石原さんだって七十すぎですよ」。それが一体何なのです。「八十のジジイが、七十のジジイに何を言うんですかいなあ。守秘義務もへったくれもない。追い返しましたがな」と一挙に言われると破顔一笑。「終わり」。やられた。後藤田さんの完封勝利だ。石原さんのオーラル・ヒストリーに圧力を加えようとした人たちを、後藤田さんは逆に押えこんでくれたのである。

「守秘義務なんて、あなたそないなもの、当の本人が決めるんですわ。客観的基準なんてないよ」

あっけにとられて口をあんぐりとあけた私にとどめの一言。要するに傍《はた》が何を言おうと、やる時はやるさという後藤田さんの姿勢がはっきりみえた一瞬だった。

政界を引退されると、後藤田さんは今の段階で出せる部分は出すという方針に変わった。しかも堂々と商業出版するというのである。あらら、そこまで行っちゃったか。スゴイですね、後藤田さん。最初の慎重居士ぶりはどこへやら。いよいよ歴史の語り部たらんことを真正面から引き受ける決意をされたのだ。

そしてラストスパートがかかる頃、「やっぱりだめだな」。何がでしょうか？　「いや僕もスケジュール表に書きつけした物を保存しているんです。見せないよ。でもあれを見てから話をしよると乱れる。読まん方がいいな。記憶に頼るだけの方が話しやすい」。おっと、この発言には、オーラル・ヒストリーの神髄がこめられており、奥が深い。記憶の覚醒は、当時の生資料を見るとかえってうまくいかないことがある。いや、それでも、その混然とした整理されない話こそが欲しい……。そんなことを口走ったように思う。後藤田さんはこの時もニヤリと笑って「はい始めましょう」と話を先へ進めた。

第四コーナーを曲がり切ると、後藤田さんのオーラル・ヒストリーには、見えざるもう一人の方が参加された。誰あろう、他ならぬ奥様である。いや、もちろんその場にお出ましになったわけではない。こういうことである。いつのまにか後藤田さんは水茎《みずくき》もうるわしい墨で書かれた要点覚えの紙を持参されるようになったのだ。のぞきこもうとすると「ダメだ」との拒絶反応。しかしいつもと違って絶対の拒否ではない。何かがありそうだ。ついに当の本人が白状を始めた。実はご本人が言いたいのだ。

「実はなぁ、これは女房に清書させとるんだ」。ええっ、なぜですか。「それで毎回、本番の前の晩、朗読し整理をしとるんだ。いやぁ時間がかかってかなわん」。そんなことまでなさる必要はないのに。俗に起承転結という、その結の部分を述べるにあたって、奥様の協力をえて少しでも誤りのないものに仕上げたいという、後藤田さんの執念のなせる業であった。それに、後藤田さんが意外にも愛妻家であったことの証しでもある。ほっくりとした温かいものを感じて、何だかこの時はとてももうれしかった。

こうして『情と理』(現在は講談社+α文庫)は出来上がった。二十万部というこの手のものにしては空前の売れ行きとなった。そして後藤田さんは政界引退後の落ちつくべき世界を、捜しあてられたようだった。

でももちろん、後藤田さんはすべてを語ったわけではない。その証拠に、後藤田さんが御礼にと一席設けて頂いた折、突然思い出として、オーラル・ヒストリーではまったく触れられなかったことを述べられた。あれあれ速記の用意もないのに。これはしたり。あせるわが方を前に、「あれ、この話、せなんだか。いやいやそういうこともあるわな」。最後に後藤田さん、ピシャリとやりましたね。まだまだ記憶には多くの話が詰まっている。そのほんの一部を今回は披露したにすぎんのさ。でもそれでええじゃろう……。

後藤田さん、あっぱれ。オーラル・ヒストリーの極意をついに獲得されましたね。

御厨研究室
304

11

楕円の構造と異端の系譜

——自註自解『明治国家をつくる　地方経営と首都計画』

「なかじきり」の歳に

職業としての研究教育生活に入って三十二年になる。この間、後をふりむくことなくただ前ばかり見て走ってきた。だがここ数年、何とはなしに過去のことが気にかかり始めた。一九六〇年代後半から七〇年代にかけてのわが青春時代について、そろそろ客観的——といっても当事者にとっての客観性であって、この時代を知らない若い世代にとっては主観性そのものかもしれぬ、いや実際何度かそういう対応をされた——な時代分析ができるのではないかとの思いが日ましに強くなってきたのだ。そのせいか、東京大学駒場キャンパスの一、二年生を対象とした「政治学を読み破る」ゼミでも、庄司薫、萩原延寿、沢木耕太郎といった人物の作品をあらためて読んでいる。

たまたま二〇〇六年に五十五歳を迎えた私は、森鷗外の「なかじきり」を思い出した。鷗外は大正六年、五十五歳の折に「なかじきり」と題する文章を書いている。その中で「前途に希望の光が薄らぐとともに、自ら背後の影を顧みるは人の常情である」「歳計をなすものに中為切《なかじきり》と云うことがある」と述べているのだ。

今私は、思い出したと書いた。亡くなって十四年になる私の父が一九七六年、「鷗外の締めの年と同じになった」と感慨深げに語り、一企業人としての体験をまとめた本を出したことがあったからだ。それから三十年たって、わが父と同じ年を迎え、「オヤジさん、そろそろ何かしなくちゃねえ」との気分に襲われた。

マーケティングと経営に一生を賭けた父の原点は、今も健在な解熱鎮痛剤「バファリン」の日本市場への導入にあったことが、「なかじきり」の一冊からわかる。では私にとってのバファリンは一体何か。即座に思い浮んだのは、他ならぬ処女論文のことであった。

本来、一九八〇年に刊行されたわが処女論文（東京大学法学部助手論文）『明治国家形成と地方経営――一八八一‐一八九〇年』（東京大学出版会）は、双子の作品の長子であり、次子たる『首都計画の政治――形成期明治国家の実像』（山川出版社）と相俟って、一八八〇年代日本研究として取り扱われる筈のものであった。だが、長子は政治史上の一定の評価を受けたが、次子は建築史の方で若干の評価を得たものの、政治史ではほとんど無視されたと言ってよい。その後も長子については、行政学、国際関係論、法制史、比較政治史など幅広い分野において、百年後の今日と同じかと見ごまうばかりの「政治と行政」「政治家と官僚」の相互関係が、実は「明治国家をつくる」一八八〇年代に既に作動していたという解釈を定着させていった。

一九九〇年前後に、長子は品切れ、やがて絶版となって久しいが、それでも定番の研究書として変わることなく後進の研究論文や書物に引かれている。これに対し、次子は遂に学界に広く受け入れられる契機を逸したまま、これまた二〇〇〇年頃には品切れとなってしまった。私の双子の作品への思いは果たせぬまま、その後も光と影の運命は続く。長子には復刊等の声がかかるにもかかわらず、次子は顧みられることがないままなのだった。その結果、双子の作品を相互ダイナミズムの中で捉える視覚をもつこと——それは、「序」で述べた「楕円」構造でもある——が今日までなされず仕舞になってしまった。同時に、次子はおろか、長子についてもここで提示した視覚を深める研究がその後学会において継承されていない。

「なかじきり」の年ならば、放置してきたこうした事態をなんとかしたいものとの思いに至った。折も折、行政学の泰斗、今村都南雄《つなお》さんが『官庁セクショナリズム』（東京大学出版会）と題する著書の中で、双子の作品とそれ以後の私の業績を、次のように改めて評価していることに気付く。

明治国家形成期（一八八〇年代）にかんする二つの著作は、同時期の政治史を「地方経営と首都計画という相互に密接不可分の関係にある二つの焦点を持つ楕円構造として描く試みである」が、大正期以降を扱った論考――「国策統合機関設置問題の史的展開――国策の主体形成と機能的再編をめぐって」、「水利開発と戦前期政党政治――水利政策の多面的展開と戦略的体系化をめぐって」など、『政策の総合と権力――日本政治の戦前と戦後』(東京大学出版会)に収録された諸論考をさす――を含めて、いずれも、単に近代日本政治史の分野における業績にとどまらず、わが国の政策決定過程もしくは政治過程の事例研究としても、高い評価が与えられるべき貴重な成果となっている。それらは、それぞれの時期における具体的な政治過程・政策決定過程の分析を通して、「国家統合をめぐる官僚制・政党制・議会制の三者の相互関連の歴史的解明」を企てたものであり、その政治過程・政策決定過程の分析にあっては、一貫して、一種の政治的多元主義の方法がとられている。

政治的多元主義といえば、グレアム・アリソンの古典的な政策決定モデルが直ちに思い浮ぶ。今村さんはつぎのように述べる。

御厨による政策決定機構の分析において際立っているのは、つねに狭義の官僚機構(官庁機構)における対立・競合を重視し、それによってもたらされる「政策対立の多次的拡大」とそこで行使される政治的戦略に注目する視点である。G・T・アリソンの政策決定モデルでいえば「官僚政治（bureaucratic politics）」ないし「政府内政治（governmental politics）」にたいする関心といってもよい。

当時を思い出してみると、アリソンモデルの適用如何に関していえば、私はアリソンをまったく勉強しなかったとまではしらばくれないが、実は二十三年この方意識したことはない。双子の作品に限定しても、一八八〇年代に運良く集中して存在した一次資料、それに二次資料を、あたかもジグソーパズルをはめこむように駆使した結果、外在的というよりは内在的に枠組が出来上がったのであった。

「先端（半）科学」の挑戦

こうして「なかじきり」を契機に、蘇りの萌《きざ》しを見せたわが双子の作品のもつダイナミズムについて、実は最近身近な立場から考えるようすがあった。私は二〇〇三年から、東京大学先端科学技術研究センターに、文系の〈情報文化社会〉分野の教授として勤務している。ここで政治学・政治史を専門としていることは、私がかつて勤務した東京都立大学法学部や政策研究大学院大学と比較して、決して自明ではありえない。折からわが先端研は二〇〇七年に創立二十年を迎えた。その

『二十年史』の編集委員長になったばかりに、〈先端〉〈科学技術〉の中での自らの位置づけを考えさせられることになった。

しかし先達はいるものだ。先端研での私の分野の前任教授であり、その後、文化庁長官を務められた青木保さん――専門は文化人類学、これまた自明ではない――が、先端研時代に「『半学問』のすすめ」(船曳建夫編『文化人類学のすすめ』筑摩書房)と題するユニークなエッセイを書いている。一見開放的に見える文化人類学者たちの内むきにこだわる姿勢に対する青木さんの破壊的批判は、先端研ならではの言説として注目に値する。青木さんはまずこう述べる。

私は文化人類学は「厳密な意味での科学」とは考えていない。それはどこか「半学問」的と考える余地を残しつつ、アカデミズムの中にあって、半アカデミズム的性格を有し、半が反にならない限界に留る「際どい」学問である。

青木さんは自らの処女作『タイの僧院にて』(中央公論社)を、理論的分析の向こうを張った「異文化体験誌」のジャンルに位置づけ、それこそが「半学問」だと言い切っている。

その意味で、「文化人類学」は「先端(半)科学」である。「未知」のものを「情報化」し、「知識」

として構築し、異なるものの中に「人間性」を表現しようと試みる。これは「異境」へ赴くことを含めてアカデミズムの中では「全身的」な冒険となる。

果たして青木文化人類学がそうであるならば、わが政治学もまた「半学問」で「先端（半）科学」たりうるのではないか。先述の「アリソンモデル」を始めモデル操作や理論分析、それに実証分析のむこうを張って、わが双子の作品のダイナミクスへ注目するならば、これも、それこそきわどくも「半学問」の範疇に入るだろう。

かくて私は、長子と次子とを合体新版し、『明治国家をつくる――地方経営と首都計画』（藤原書店）として、今一度世に問うことにした。特に次子に光をあてることによって「異端」の系譜をさぐり出し、あらためて長子との「楕円」構造を明確にし、一八八〇年代日本の統治のあり方のダイナミクスを導き出すべく試みた。このことはまた私が先端研の中で、大学院先端学際工学専攻と、大学院建築学専攻の二つの大学院において研究教育を担っていることとの意味の再確認となる。それは、オーラル・ヒストリーの研究や公共政策の研究を前者で、建築と政治の研究を後者で進めることのルーツが、『明治国家をつくる』にあるということに他ならない。また「半学問」「先端（半）科学」としてのわが政治学研究を、文系のそれも狭く法学部という固定化された部門ではなく、広く理系の先端科学技術研究センターという流動的な部門の中に位置づけたいという野心の表象でもある。

トリックスターとしての井上馨

一八八〇年代の日本は、その前の七〇年代ともその後の九〇年代とも異なる一つの時代的画期であった。すなわち七〇年代は常に暴力と反乱と秩序崩壊の危機に見舞われ、他方九〇年代ともなると組織や制度が完成し秩序安定の方向へとむかう。では間にはさまれた八〇年代はどうであったか。それは官僚制度・内閣制度・議会制度という明治国家の統治のハードコアをつくり上げる営みと、様々な政策や計画を地方や首都に課していく明治国家の統治のソフトウェアをつくり出す営みとが、どちらが先導するともなく併行して進みながら、相互に関連するダイナミックな時代であった。

言い換えれば、制度をつくる試みと政策をつくる試みとが、混在一体となって一挙に進んでいく。制度の磁場も政策の磁場もどちらも未だ固まっていない状況の中で、そこには「地方経営」と「首都計画」とを焦点とする統治の「楕円」構造[★1]が顕在化してくる。

では統治の「楕円」構造を通して見える「地方経営」と「首都計画」とが織りなすダイナミクスについて論じよう。第一は共通のトリックスターとしての井上馨の存在である。井上は長州出身で伊藤博文、山県有朋と並び称せられ、元老として大正期まで君臨する。外務・内務・大蔵・農商務など担当した政策分野は広い。しかし個人的には常にスキャンダルとダーティな噂につきまとわれ、首相になれず仕舞だった。

アイディアに優れたかんしゃくもち故に〝電光伯〟と称され、一八八〇年代は条約改正、臨時建築局、自治党にかかわる。井上は、欧化主義の流れを促進し、鹿鳴館外交や西洋流首都計画、そして官有林野払い下げによる自治党育成など、明治国家をつくるにあたって大胆でユニークな将来構造を促進するが、ものの見事にすべてが失敗に終わる。同じ時期に、伊藤が憲法と帝国議会、山県が軍制と地方自治とに一応の成功を収めるのと、それはまことに対照的である。

そこでトリックスターとしての井上馨に触れねばなるまい。統治を演技論として見立てた場合[★2]、伊藤博文や山県有朋は、なるべく敵を作らずにコトを成就させるという意味で、まさに〝正統〟を踏んだ演技者として立ち現れる。彼等に対して、井上馨は条約改正、首都計画、自治党育成など、常に内外に敵をつくり出す課題をとりあげたのみならず、その目標の達成のために、これまた欧化主義、臨時建築局、官有林野払下計画といった内外の攻撃を受けやすい〝異端〟的手段を好んで選択する。そして過剰演出のせいもあり、あたかも演技論における道化と同じ如くに井上は統治システムの内外から指弾を受け、敗者となる運命をたどるのである。その意味では、『明治国家をつくる』は、明治国家をつくるプロセスで浮かび上がった〝異端の敗者〟井上馨へのオマージュに他ならない。

"異端の敗者"の系譜

実はオマージュをささげるべきトリックスターにして"異端の敗者"はもう一人いる。薩摩の三《み》島通庸《しまみちつね》がそれだ。第二にこの二人目のトリックスターをとり上げよう。三島については早逝が惜しまれるが、西郷隆盛や大久保利通の後、人材難に苦しんだ薩派《さつぱ》のこと、生きていれば準元老格の政治家にまで登りつめたことは疑いえない。

「地方経営」と「首都計画」を通じて三島通庸は頭角を現わす。まずは内務省土木局長として山県に仕え、福島県令時代などの現場体験から地方政治事情をよく考え抜いた画期的な地方補助政策を提案する。しかし各省対立の激化を、太政官制が収拾できなかったため、三島の政策は実現に至らない。三島はそこで土木局拡大による事態の転換をはかる。結局、工部省は三島の要求もあって廃止される。しかしどうやら山県の内務省改革と三島のそれとの間には、思惑の相違があった。それが続く「首都計画」において顕在化する。

「地方経営」において内務省土木局の強化拡大をめざした三島は、内閣制度の創設と同時に警視総監に転じるや、「首都計画」を推進する立場から、臨時建築局副総裁兼任となる。周知の如く長派の外相井上馨が総裁兼任である。ここに三島通庸のトリックスターとしての相貌は顕《あらわ》になり、山県内相－芳川顕正東京府知事の市区改正計画と、井上外相－三島警視総監の西洋流首都計画とは鋭く対立する。結局三島は二度(地方経営では志半ば、首都計画では全面退却)とも敗北の憂き目に遭う。そして三島は井上に続く二人目の〝異端の敗者〟となるのだ。

一八八〇年代の明治政府をつくる動きの中で、「地方経営」と「首都計画」の「楕円」構造の中に、こうして長派から一人、そして薩派から一人、異能であるが故に政策構想は大胆で優れているにもかかわらず、同時につくり出される合理的でかつ体系的な統治システムの前にあえなく敗北を余儀なくされる、トリックスターを発見する。実は明治国家は、この時期から、〝異端の敗者〟たる生涯をたどることを運命づけられた今一人の人間を育んでいた。

それは他ならぬ後藤新平である。後藤もまた植民地経営のみならず、明治末期から大正期にかけての「地方経営」と「首都計画」に携っている。大風呂敷との揶揄《やゆ》によって低い評価しか与えられなかった後藤新平の実像の解明に、現在の私は取り組みつつある[★3]。かくて井上馨―三島通庸―後藤新平を、明治そして大正国家をつくるトリックスターにして〝異端の敗者〟の系譜に、はっきりと書き連ねることが可能である。

マイナー／メジャー／らせん状の三つのレベル

第三は、マイナーレベルの対立がメジャーレベルの対立と連動し、いつしかメジャーレベルの争点がマイナーレベルの争点を規定していく関係[★4]の顕在化である。「地方経営」といったマイナーレベルにおける内務・農商務・大蔵・工部四省の地方補助政策をめぐる対立競合を、メジャーレベルの太政官制が収拾解決できない状況が続く中で、まずは太政官制から内閣制度へというメジャーレベルの制度改変が行われる。同時に各省再編の断行により、マイナーレベルの「地方経営」上の争点化は一まず収拾される。

「首都計画」は、内閣制度の創設というメジャーレベルの制度改変を契機とし、同じレベルでの臨時建築局という不可思議とも言うべき制度の創設、そして東京府と警視庁の対立、ひいてはマイナーレベルでの両者の首都計画構想の対立とが連動して、統治のダイナミクスを形成する。特にここでは会議体組織のあり方、ジャーナリズム報道のあり方が詳しく分析される。また改進党の動きも明らかにされる。

条約改正が欧化主義批判によって挫折を余儀なくされると、それと相俟って首都計画ではマイナーレベルの西洋流首都計画が止まり、メジャーレベルの臨時建築局が廃止となる。そしてメジャーレベルで確立された内務省と東京府の体制によって、マイナーレベルでは市区改正構想が進むことになる。

他方「地方経営」では、メジャーレベルでの帝国議会開設に備えるために、メジャーレベルでの地方自治政策をめぐる対立抗争が激化する。大蔵・農商務・内務の三省対立に、今回は自治党という政党構想がからむ。自治-改進連携構想は、メジャー・マイナー両レベルに、らせん状に切りこむように現われる。結局自治党育成は失敗に帰し、官僚機構の合理化が進んでいく。

要するに一八八〇年代日本においては、「地方経営」にせよ「首都計画」にせよ、マイナーレベルでの百花斉放とも言うべき多様な政策構想は、一面で藩閥対立、他方で省庁対立に十分帰しうるものではある。だから特に「地方経営」の前半では、その両側面を強調して説明を行っている。しかし「地方経営」の後半や、「首都計画」は全体を通じて、政党、メディア、政府会議体組織といった、メジャーレベルとマイナーレベルとに切りこむ、新たならせん状のレベルが出現することになる。そうなるとマイナーレベルでの対立抗争が、メジャーレベルでの制度改変によって一挙に合理的に収拾解決されるものではないことが分かってくる。それにもかかわらず、多くの場合、統治システムの合理化で説明ずみにしてしまうのは惜しい。確かにその方が楽だからであろうが、本書ではそのように単純化された説明はとらない。

かくて失われた政策の選択肢は、これまた〝異端の系譜〟の中に封じこめられる。後に私がオーラル・ヒストリー研究を始めた[★5]のは、これらの失われた選択肢を求めてのことに他ならない。〝異端の系譜〟は、言霊の世界から引き出してこない限り、きちんとした形状をとらない。その意味ではオーラル・ヒストリーは、現実には失われて〝異端の敗者〟と化した政策構想に対するこれまたオマージュとも言えるのだ。

「精密実証」と「物語」

第四に歴史の方法の問題がある。一八八〇年代日本の統治における、「地方経営」と「首都計画」からなる「楕円」の構造のダイナミクスの考察こそが、くり返しになるが本書のモチーフである。こう述べた時に、歴史における「精密実証」と「物語」という相反する方法論がくっきりと浮かび上がる。

そもそも「地方経営」にしても、「首都計画」にしても、一から十まで精密実証の装いを凝らしていて、スキがないかに見える。特に前者はその趣が強い。政治家たちの書翰と書類を、あるを幸い、ばったばったと対立抗争状況に持ち込み、しかる後ジグゾーパズルのようにはめこんで組み立てたからだ。後者は、会議体議事録、ジャーナリズム報道をも併用しつつ、当時の政治家・官僚・議員らの発言を追跡している。その結果、前者の時はそれでも潜在化させていた明治の元老クラスの政治家を知人友人の如く扱う悪癖[★6]が、後者ではものの見事にすべての明治人を知人友人とする習いとなり、友人知人化現象が顕在化してしまった。にわかメッキはかくも簡単にはがれるものか。

ここまでくると、「首都計画」の叙述に移るにつれて、読んで楽しい物語まであと一歩であることがわかる。「地方経営」があくまでも統治システム内のダイナミクスの話であるのに対して、「首都計画」は統治システムの内外を通じたダイナミクスの話であることにもよるだろう。あえて分けて言うならば、精密実証性の高い「地方経営」の系譜と、物語性の高い「首都計画」の系譜[★7]とが、その後の私の著作の中でも形を変えて現れている。もっとも最近は後者への傾斜が大きいように感じられるが[★8]。

付言すれば精密実証性を誇る「地方経営」の方が、この三十年余の間に、特に前半の細部について私を上回る精密実証が行われ、後進の徒によって打破された箇所がある。その点はあっさりと認めるが、「地方経営」全体、ましてや二作合わせた「楕円」構造のダイナミクスに対する異議申し立ては未だかつてないので、本書では一部誤植の修正に止め、当時のままを再現している。

天皇と皇室

第五に天皇の問題について一言しておかねばなるまい。一八八〇年代日本の統治を描いて、天皇がほとんど出てこないのはどうしたことか。「地方経営」と「首都計画」を通じて、マイナーレベルに関与しなくとも、メジャーレベルには関与していたのではないか。これは尤もな疑問である。しかし正直のところ、「地方経営」についても「首都計画」についても、まったくと言っていいほど明治天皇は主体的な役割を果たしていない。もっとも「地方経営」の最後半部たる大隈重信による条約改正の失敗から帝国議会開設までの一年間については、メジャーレベルにおける明治天皇の介入が明確にある。

したがってその部分については、ちょうど旧作から二十年たって書いた『明治国家の完成』（中央公論社）に詳しい。物語性を濃厚に出したこの作品の中でも、「国会前夜」の章は、あくまでも「地方経営」を根本テキストとした上で改訂を加える形をとったので、精密実証性と物語性とが綯《な》い交ぜになっている。そこに描かれた「統治のゲーム」に参加する明治天皇の姿は、とても鮮やかだ。

かくて私の研究は現在、天皇・皇室と政治に及んでいる[★9]。実はトリックスター、そして〝異端の系譜〟といった時、天皇も折に触れて〝正統〟から〝異端〟に転ずる契機をもっているのではないかとひそかに思っている。

本書の「先端」的意味

そこで最後に「明治国家をつくる」において示した視角と特色の応用可能性について触れておこう。すでに、「楕円」の構造が明確化し、「敗者」の系譜が継続する世界における、トリックスター、敗者へのオマージュ、メジャーレベルとマイナーレベルとらせん状レベル、精密実証性と物語性、天皇と皇室の各項目については、一八八〇年代研究をこえた広い学問領域への応用を含めて考察してきた。さらに私自身の研究の発展の中での事例は、注において詳細を記している。

では、私の「明治国家をつくる」研究の合本新版の「先端」的意味はどこにあるか。それは三十年前には予測もつかなかったことであるが、本書が「平成国家をつくる」にあたっての臨床政治的先例と化す可能性に他ならない。一八八〇年代日本の統治体験を、百二十年を経た二〇〇〇年代日本の統治に、どうやって生かすのか。一九九〇年代半ばから十余年、橋本行革、小泉行革が進行した中で、これからつくり出されようとしている「平成国家」の最大の争点は「地方」と「首都」に他ならないからだ。一回起的な歴史特有の具体的問題こそ異なるものの、そこには立体化された広い意味での歴史の知恵が働いて当然である。

また「地方経営」と「首都計画」を二つの焦点とする「明治国家をつくる」楕円構造ダイナミクスの中に、先述の各項目を見出す時、それが「平成国家をつくる」ダイナミクスと二重写しになってくるのではないか。したがって東京大学先端科学技術研究センターにおけるこれからの私の研究教育は、今回集大成した「明治国家をつくる」研究に常に裏打ちされる点で「先端性」を確保することになろう。

私は今を去ること二十年近く前、ボストンのハーバード大学ケネディスクールで、アーネスト・メイ教授による「歴史の効用（Uses of History for Decision Makers）」という研究教育[★10]に目を見はらされた。メイ教授とも意見交換をくり返し、日本に帰ってからも折に触れてこれを意識した研究[★11]を行ってきた。オーラル・ヒストリー研究や公共政策研究もその一環であった。そして本書『明治国家をつくる』こそは、メイ教授の主唱する「歴史の効用」の日本における決定版と考えている。

★1——「楕円」構造については、山本義隆『一六世紀文化革命』1・2(みすず書房、二〇〇七年)に次のような記述がある。「しかしケプラーはチコ・ブラーエの二〇年に及ぶ精密な観測データに強いられて、円軌道というプラトン好みの対称性を放棄し、楕円軌道という非対称な形象を受け入れた。それは実際の測定結果をプラトン主義的理念の上位に置いたということである」(2、七三二頁)。これが科学技術史上における「楕円」軌道の受容である。山本はこれを一例に、一七世紀科学革命の前に、職人仕事や機械的技法への評価に基づく一六世紀文化革命が存在したとこの意義を主張する。要するにここに「パラダイム」の転換があることを、山本は暗示している。この山本の「楕円」へのこだわりに私も注目したい。すなわち私は「楕円」構造という捉え方こそが、一八八〇年代日本の統治の実像を明らかにすると考える。

また「あとがき」で記述する「楕円」構造に基づく「双子の作品」という捉え方は、いずれも旧作を新版にして改めて世に問うた際の二人の作家のスタイルに負うている。そもそも私の作品の合本新版化へのモチベーションは、この二人の作家に関わり、かつての作品を新版にする折に双子ないしは三部作としての意味を「解説」に書いたことにある。沢木耕太郎『危機の宰相』(魁星出版、二〇〇六年新版)の「解説」、及び庄司薫『狼なんかこわくない』(中公文庫、二〇〇六年新版)の「解説」を参照。両稿とも『表象の戦後人物誌』(千倉書房、二〇〇八年)に収録。

★2——トリックスター、道化、演技論については、一九七五年の東京大学法学部における岡義達教授の大学院演習「政治と道化」に基づく。岡義達「研究成果報告書」『東京大学法学部研究・教育年報4

一九七五‐七六』（東京大学法学部、一九七七年）参照。テキストはウィリアム・ウィルフォード『道化と笏杖（The Fool and his Scepter）』を原書で読んだ。後に一九八三年に高山宏訳が晶文社から出版された。めくるめくその付録の「道化」解説に圧倒された覚えがある。高山宏『超人高山宏のつくり方』（NTT出版、二〇〇七年）によると、原著は一九六九年の発刊だから、かなり早い段階で難解な〝奇書〟（高山宏の表現）に〝異端〟の政治学よろしく取り組んだことがわかる。ちなみに、高山宏の「学魔降臨」と称するこの書物は、ほぼ同時代に学部こそ違え東大から都立大と場所を同じくして研究教育生活を送った者として、自らの研究史上の記憶を新たにする発見に満ち満ちた、それでいてなつかしい本であった。

★3——私の後藤新平研究は以下の通り。編著『時代の先覚者・後藤新平 1875-1929』（藤原書店、二〇〇四年、『後藤新平大全』（『〈決定版〉世伝後藤新平』別巻、藤原書店、二〇〇七年）、報告「政治・外交からみた後藤新平」（『環』二〇〇五年春号。『天皇と政治』に改題収録、報告「後藤新平の『仕事』」『後藤新平の「仕事」』（藤原書店、二〇〇七年）。

★4——佐藤誠三郎教授の『「死の跳躍」を越えて——西洋の衝撃と日本』（都市出版、一九九二年。新版、千倉書房、二〇〇九年）に収められた一連の明治維新研究に示唆を受けた所が大きい。東京大学駒場キャンパスにおける一九七二年の教養演習、一九七四年の教養学科講義はいずれも「日本の政治」がテーマであった。これまた〝異端〟の政治学風であったが、そこでの論の立て方が私には参考になった。

★5——私のオーラル・ヒストリー研究の主なものは以下の通り。著書『オーラル・ヒストリー』（中公新書、二〇〇二年）、編著『年報政治学二〇〇四　オーラル・ヒストリー』（岩波書店、二〇〇五年）、論文「オーラル・ヒストリーの可能性」『史料学入門』（岩波書店、二〇〇六年）、それに画期的なテクストブックとして編著『オーラル・ヒストリー入門』（岩波書店、二〇〇七年）。

★6――升味準之輔教授は「なぜ歴史が書けるか」(東京大学出版会PR誌『UP』連載、千倉書房、二〇〇八年)の中で、次のように述べている。「ともかく、歴史家は気楽である。彼は結末を知っている。それにつながるように因果関係を選び、その末端を結果に引っかけ、そして結末から振り返って可能性の波間を浮沈しながら決断し、策謀した人たちの無数の意図や予測や手段とその結末が織りなす因果連関の中に、『理性の奸智』や『意図せざる結果』を見いだす。おまけに維新の元勲を旧知か友人の如く論評するから、まことにすごいものだ。それは確かにタイムトンネルのもっとも楽しい部分であるが、気楽なことも確かだ」。この部分について、私の問いに対し、升味教授は私の「地方経営」を読んだ印象であると明言している。拙稿「日本政治史よ、何処へ行く――東京都立大学最終講義」『東京都立大学法学会雑誌』四〇巻一号(東京都立大学法学会、一九九九年)。本書第一部に収録、も参照。

★7――典型例は「古川ロッパ日記」を縦横無尽に駆使して書いた「国土計画と戦時・戦後の社会――国土政策の空間的ネットワーキングとイデオロギー化をめぐって」『政策の総合と権力』(東京大学出版会、一九九六年)。これはネット書評で「快論文」ならぬ「怪論文」との評を受けた。注[★6]の拙稿参照。

★8――典型例は『ニヒリズムの宰相　小泉純一郎論』(PHP新書、二〇〇六年)。

★9――著書として『「保守」の終わり』(朝日新聞社、二〇〇四年)、及び『天皇と政治』(藤原書店、二〇〇六年)、放送大学教材として「6　宮中と政治」「7　天皇と天皇制」『日本政治外交史――転換期の政治指導』(日本放送出版協会、二〇〇七年)、監修として『昭和天皇最後の側近　卜部亮吾侍従日記』全五巻(朝日新聞社、二〇〇七年)、研究委員として『富田メモ』(元宮内庁長官富田朝彦の「メモ及び日記」)『日本経済新聞』五月一日付及び二日付、を参照。

★10――Ernest May, Richard Newstadt, *Thinking in Time: the Uses of History for Decision-Makers* (Free Press, 1986)(邦訳、

臼井久和ほか訳『ハーバード流歴史活用法――政策決定の成功と失敗』三嶺書房、一九九六年）参照。

★11――NIRA理事長そして東京海上研究所理事長を歴任した下河辺淳さんとの仕事が多かった。NIRA研究報告書『戦後国土政策の検証』上・下（総合研究開発機構、一九九六年）、それに基づく論文「国土計画と開発政治――日本列島改造と高度成長の時代」『年報政治学一九九五　現代日本政官関係の形成過程』（岩波書店、一九九五年）、GRIPS研究報告書『「阪神・淡路大震災復興委員会」委員長・下河辺淳「同時進行」オーラルヒストリー』上・下（政策研究大学院大学、二〇〇二年）、それに基づく論文「危機管理コミッティとしての復興委員会――『同時進行』オーラルの『ファイル』をめぐって」（木村汎編『国際危機学』世界思想社、二〇〇二年）参照。

12

ある日本政治学者の原風景

――『権力の館を歩く』への旅

「権力の館」の原風景は、遠い私の記憶の中にある。幼少年期の私の家には、額に入った肖像写真がいつも一枚だけポツンと飾ってあった。とても豪華な服(高校生の頃、それが大礼服と知った)をまとった年老いた男性、それが私の母方の祖父〝木村尚達《しょうたつ》〟であった。祖母〝みさを〟は、私の家を訪れる度に、彼女がすごした戦前の生活の話、祖父との麹町の屋敷での話を、幼い私によく聞かせたものだった。祖父は肥後(熊本)の阿蘇外輪山の医者東家の生まれ、祖母は会津(福島)の白虎隊士・中山寛の娘で、北海道は札幌の地で育った。会津と肥後では幕末・維新当時の関係も微妙、二人は国際結婚のようなもので、木村家の夫婦養子となった。

祖父は京大法学部出身の戦前の司法官僚で、一九三〇年代から敗戦までのまさに十五年戦争の間、この国の権力者の一翼を担った。検事総長・司法大臣・貴族院議員を歴任した祖父と祖母の生活を支えたのは、麹町の武家屋敷であった。四番町四番地、今の日本テレビに近い所だ。この屋敷町界隈には、中橋徳五郎を始め戦前の権力者の館が揃い、大臣横丁と言われた。そこから祖父が通う権力機構の館（司法省・大審院・首相官邸・貴族院）はいずれも至近距離にあった。関東大震災後建て直した麹町の屋敷は敗戦の年の五月の大空襲で焼失し、翌年公職追放の身となった祖父は、病を得て失意のうちに亡くなった。祖母の話はいつもここで終わるのだった。

話の中には、大隈重信さん、尾崎行雄さん、江木翼《えぎたすく》さん、渡辺千冬さん、鈴木喜三郎さん、塩野季彦さん、石渡荘太郎さん、広田弘毅さん、近衛文麿さん、木戸幸一さんと、まさにお隣さんと言った身内感覚のさんづけで祖父と関係のあったエライさんのエピソードがふんだんに盛り込まれていた。熊本の縁からであろう、細川護貞さんの日記に、同じく同郷出身の松野鶴平さんによる祖父の在りし日の人物評が書かれていることを、後になって知った。祖母を通じて追体験した戦前の歴史は、不思議なリアリティの感覚を私に与え、学校で習う歴史とは著しく異なっていた。浅野晃『少年少女日本史談』や『少年少女世界史談』（ともに偕成社）が語る列伝調の英雄譚にのめりこんだのも、わが歴史の追体験と共振したせいに違いなかった。

こうして私の歴史観は、祖父母の権力者の館のイメージを通して形成された。早熟な高校生から背のびする大学生の時代にかけて、平沼騏一郎、近衛文麿、永井柳太郎、風見章らを追いかけ校友誌への投稿やゼミなどの機会を得て、レポートを作成したのは、リアルとは何かを求めて自らのあふれる表現欲が噴出した結果だったのかもしれぬ。一九六〇年代末から一九七〇年代初頭にかけての、この国も熱かったあの時代の頃のことである。お世話になった佐藤誠三郎さんや伊藤隆さんの修正主義的歴史観と、私の原風景はこれまた共振現象をおこしていた。

三谷太一郎さんに提出した東大法学部助手の採用論文は「大正デモクラシーから近衛新体制へ――永井柳太郎と中野正剛」だったし、助手一年目には後に公刊する論文の原型となる「昭和11-12年　国策統合機関設置問題」を形にしていた。しかしそれから今日まで、近衛の時代と人物を幼少時以来培われた歴史観に基づいて真正面から扱うことはなかった。自分にとってはリアルな、しかし他人にとってはバーチャルな歴史体験をとりあえずは封じこめることが、アカデミズムへの道だと信じこもうとしたからに他ならない。

その後は、都立大法学部助教授を務めた一九八〇年代の十年間、あの今はなき八雲の旧制府立高校の教室を縦長に仕切った研究室棟にて、また都立大学駅ガード下の居酒屋にて、広く政治学を話題に升味準之輔さんと水谷三公さんとの三人でワイワイガヤガヤすることしきりであった。政治的人物像については升味さん、「象徴と政治」や「場所と政治」については水谷さんとのオシャベリから、後々に私の政治史解釈を豊かにする糧《かて》を得られたのはまちがいない。

さらに一九九〇年代以降、「栄典制度」や「ハイカルチャーとしての軽井沢」といったテーマを青木保さんと討議し、昭和天皇周辺の日記類の解析を岩井克己さんと進めたことで、封印は少しずつゆるみ始めた。

還暦近くなって、リアルでかつバーチャルな歴史体験を三十年ぶりに封印から解き放ち得たのは、まちがいなく「権力の館」というアイディアの具体化のおかげである。久しぶりに近衛文麿や風見章が生き生きと私に語りかけてきたのだから。

「権力の館」は、色々な意味でのコラボレーションの成果である。都立大助教授時代に、東の藤森照信さん、西の井上章一さんという二人の当時は若き建築史家と知り合って以来、「建築と政治」はいずれ取り組まざるをえぬテーマであった。しかし物事には熟成の期間と、着手の契機が必要である。二〇〇三年の東京大学先端科学技術研究センター教授着任と、二〇〇六年の同大学院工学系研究科建築学専攻教授兼担とが、決定的だった。文理融合のメッカ先端研で、政治史学と建築史学とのコラボレーションを、東大大学院建築学専攻の軒先を借りて行う体制が整ったからだ。鈴木博之さん、藤森照信さんの尽力のおかげである。

建築学専攻で「建築と政治」と題する授業をもち、毎年一人ずつ修士課程の学生をとることができた。彼等との対話はきわめて貴重な経験だった。発想の違いをイヤというほど味わったからである。今一つ教養学部全学自由研究ゼミナールの枠内で、着任以来「政治学を読み破る」をテーマとするゼミを開講した。私自身が学問への道を決めた佐藤誠三郎さんのゼミの後継を担う気持からだった。ここには文科一類のみならず文二、文三の学生、ひいては理科各類の学生も集う。文字通り文理融合の形で、広く政治学について議論できる理想的ともいえる環境だ。この駒場の辺境の地で開かれるゼミによって得られる若い学生たちのほとばしるようなエネルギーが、「館」を進める原動力となった。

そしてアカデミズムとジャーナリズム、東大御厨研究室と毎日新聞学芸部とのコラボレーションである。両者で構成した「館」取材班こそ、その実践の核であった。「館」の扉を開かせるのに、また関係者の口を開かせるのに、新聞社は偉大な力を発揮した。このコラボなかりせば、本書の企画は成果を出しえなかったとつくづく思う。

斯くて『権力の館を歩く』は一書にまとめられた。「権力の館」というタイトルに込められたテーマ「建築と政治」が、本書を契機に政治史学の新たなる領分を開発していくことを強く期待したい。

著者の祖父母が暮らした東京麹町の「権力の館」。
昭和20年5月の空襲で灰燼と化した屋敷跡から
唯一掘り出されたのがこの鉄瓶である。

あとがき

きわどい本が好きだ。一年にわたった還暦退職プロジェクトでは、知的トキメキのあるすべての仕事をきわどい本に仕上げたかった。その成果の一つが、この本である。「まえがき」「あとがき」「対談」「座談」「頌辞」に秘かに封じ込めた〝政治へのまなざし〟を、一挙に解放する試みだ。編集者と共に書物を編む作業をしながら、自らの研究教育活動の一つ一つを紡ぎ出し、奥行きと広がりを確認し、その限界も含めて納得する結果を得ることが出来た。

第一部には「日本政治史よ、何処へ行く――東京都立大学最終講義」『東京都立大学法学会雑誌』第四〇巻第一号（一九九九年）に「東は東　西は西――近代二つの世紀末」『近代日本文化論1　近代日本への視角』（岩波書店、一九九九年）の抜粋を合わせて一本化した「口上」と、西部邁、新保祐司、関川夏央という政治史学と異なる分野の知の巨匠たちとの対談形式をとった「口演」を収めた。『明治国家形成と地方経営』（東京大学出版会、一九八〇年）や『政策の総合と権力』（東京大学出版会、一九九六年）、それに、後に『表象の戦後人物誌』（千倉書房、二〇〇八年）に収録された作品群を話題にしながら、今に連なる私の政治や政治学、政治史学への思いを、正直に語っていると思う。また『明治国家の完成』(中央公論新社、二〇〇一年)、『聞き書 宮澤喜一回顧録』(岩波書店、二〇〇五年)も議論の俎上《そじょう》に上がっている。これらを通じて「政治史」や「オーラル・ヒストリー」への取り組みも明らかにできたのではないだろうか。

第二部は、私と縁の深い五人の関係者に向けた「頌辞《しょうじ》」を収めている。坂本多加雄への頌辞は、彼の幻の遺著に収められるはずだった。この『歴史を知りたい日本人』は、のちに『スクリーンの中の戦争』(文春新書、二〇〇五年)として刊行されるが、その際も本稿が収録されることはなく、幻の解説となっていた。ようやく日の目を見ることが出来て嬉しい。なお、佐藤誠三郎に対しては新版『「死の跳躍」を越えて』(千倉書房、二〇〇九年)への「解題」を、升味準之輔に対しては新装版『日本政党史論』(東京大学出版会、二〇一一年)への「解説」を、それぞれ新たに書き下ろしている。これらも「頌辞」の延長線上にあることから付言しておきたい。

第三部では、石原信雄、後藤田正晴の二人に対する「オーラル・ヒストリー」にあたっての、私自身の対照的なアプローチに注目したい。石原を通して内閣官房について描いた「あとがき」だが、今日私が追求する「オーラル・ヒストリー・ノンフィクション」の先駆けをなすものである。他方は、亡き後藤田への語りかけを用いた「オーラル・ヒストリーの周辺事情」の読み解きと言える。

さらに『明治国家をつくる』(藤原書店、二〇〇七年)の「あとがき」と「まえがき」を再構成し一本化した「口上」と、『権力の館を歩く』(毎日新聞社、二〇一〇年)「あとがき」の「口上」部分を収録した。二つの著作が誕生した由来を、記憶をたどって各々文脈化したものだ。意外にも私を取り巻いていた〝政治史学の領分〟を、幅広く立体的に確認する作業となった。きわどい本に成りゆくための「きわどさ」を、今後も自身の研究活動の中で追求していこうと、私は思う。それなくして、アカデミズムもジャーナリズムも、彩り豊かにならないと信ずるからである。

二〇一二年三月十日

御厨貴

初出一覧

まえがき・あとがき（書き下ろし）
他稿についても大幅な加筆修正が施され、原形を留めていないものもある。

第1部

1 **日本政治史よ、何処へ行く**——**東京都立大学最終講義・補遺**
✣「日本政治史よ、何処へ行く——東京都立大学最終講義」『東京都立大学法学会雑誌』第四〇巻第一号、一九九九年

2 **表現としての政治史**——オーラル・ヒストリーをめぐって
✣「東は東　西は西——近代二つの世紀末」『近代日本文化論1　近代日本への視角』岩波書店、一九九九年

✣「表現としての政治史——オーラル・ヒストリーをめぐって」『表現者』二号、ジョルダン、二〇〇五年

3 **いま政治に思想はあるか？**——**人間の政治の復権**をめざして

✣「人間の政治の復権」『大航海』四〇号、新書館、二〇〇一年

第2部

4 **ミスター・バファリンの七周忌**——**御厨文雄の晩年**

✣「七周忌」『正論』産業経済新聞社、一九九九年一二月号

第3部

5 **点景と寸言――斎藤眞先生との出会いの光景**
✣「点景と寸言」『こまが廻りだした』東京大学出版会(非売品)、二〇一一年

6 **畏友を悼む――坂本多加雄の幻の遺著に**
✣「解説」坂本多加雄『歴史を知りたい日本人』未発表、二〇〇三年

7 **闘論を愛した保守ラディカル――追悼・佐藤誠三郎先生**
✣「追悼　佐藤誠三郎　討論を愛した保守ラディカル」中央公論新社、『中央公論』二〇〇〇年二月号

8 **升味さん、とお呼びしましょう――弔辞・升味準之輔先生**
✣「弔辞」二〇一〇年

9 **平成の首相官邸――『首相官邸の決断』を読み解く**
✣「平成の首相官邸――インタビューを終えて」『首相官邸の決断――内閣官房副長官石原信雄の2600日』中央公論社、一九九七年

10 **後藤田さん、あっぱれ――『情と理』誕生秘話**
✣「後藤田さんあっぱれ――『情と理』の誕生秘話」『私の後藤田正晴』編纂委員会編『私の後藤田正晴』講談社、二〇〇七年

11 **楕円の構造と異端の系譜――自註自解『明治国家をつくる』**
✣「楕円の構造と異端の系譜」『明治国家をつくる』藤原書店、二〇〇七年

12 ある**日本政治学者の原風景――『権力の館を歩く』への旅**
✣「『権力の館』の原風景とコラボレーション」『権力の館を歩く』毎日新聞社、二〇一〇年

［著者略歴］
御厨貴《みくりや・たかし》
東京大学先端科学技術研究センター教授
1951年東京都生まれ。東京大学法学部卒業。同助手、東京都立大学法学部教授、政策研究大学院大学教授を経て2003年より現職。2007年からはTBSテレビ「時事放談」のキャスターも務める。主著に『明治国家形成と地方経営』（東京大学出版会、東京市政調査会藤田賞）、『政策の総合と権力』（東京大学出版会、サントリー学芸賞）、『馬場恒吾の面目』（中央公論新社、吉野作造賞）、『明治国家の完成』（中央公論新社）、『オーラル・ヒストリー』（中公新書）、『明治国家をつくる』（藤原書店）、『権力の館を歩く』（毎日新聞社）などがある。

政治へのまなざし

二〇一二年三月十四日　初版第一刷発行

著者　御厨貴
発行者　千倉成示
発行所　株式会社 千倉書房
〒一〇四－〇〇三一
東京都中央区京橋二－四－一二
〇三－三二七三－三九三一（代表）
http://www.chikura.co.jp/
印刷・製本　中央精版印刷株式会社
造本装丁　米谷豪
©MIKURIYA Takashi 2012
Printed in Japan〈検印省略〉
ISBN 978-4-8051-0988-5 C0031
乱丁・落丁本はお取り替えいたします

JCOPY ＜（社）出版者著作権管理機構 委託出版物＞
本書のコピー、スキャン、デジタル化など無断複写は著作権法上での例外を除き禁じられています。複写される場合は、そのつど事前に、（社）出版者著作権管理機構（電話 03-3513-6969、FAX 03-3513-6979、e-mail: info@jcopy.or.jp）の許諾を得てください。また、本書を代行業者などの第三者に依頼してスキャンやデジタル化することは、たとえ個人や家庭内での利用であっても一切認められておりません。